JN075125

こんなときどうする？生徒指導

少年非行・性非行

編集代表　梅澤秀監
編著　嶋﨑政男

学事出版

編著者代表のことば

生徒指導をめぐる最近10年間の状況は、例えば2013（平成25）年に「いじめ防止対策推進法」が制定され、学習指導要領は2017（平成29）年に小・中学校、2018（平成30）年に高等学校が改訂されました。2021（令和３）年には中央教育審議会の「『令和の日本型教育』の構築を目指して（答申）」が出されました。2022（令和４）年４月に「改正少年法」が、６月に「こども基本法」「こども家庭庁設置法」が成立しました。12月に改訂版『生徒指導提要』が公表され、生徒「支援」という立場が明確になりました。このように、生徒指導に関わる制度や法律が大きく変更された、激動の10年でした。

学校を取り巻く環境ではGIGAスクール構想に伴い、児童生徒一人ひとりが端末を所有するようになりました。このことは、コロナ禍の影響を受けて推進が進み、ICT教育の必要性が益々高まりました。また、チャットGPTの出現は、教育の世界にも大きな影響を与えました。

こうした状況の中で、学校現場で日々生徒指導に取り組み、苦労されている先生方に、最新の情報や考えるヒントをお伝えして、生徒指導に役立てていただきたいと思い【事例】【指導の振り返り】【課題解決に導く基礎知識】という構成からなる、５分冊の書籍を制作しました。

本書で紹介した事例は、各学校で起こる可能性のあるものを選び、その指導過程にスポットを当てて、詳しい解説を付けました。成功事例だけでなく、指導課題が残る事例もありますが、解説を読んで参考にしていただければ幸いです。なお、各巻は各編著者の責任で編まれたため、構成が各巻ごとに若干異なりますことをご了承ください。

本書の刊行にあたり、事例を提供してくださった先生方、各巻の編著者の先生方、編集・校正を担当してくださった皆様に改めてお礼申し上げます。ありがとうございました。

編著者代表　梅澤秀監

はじめに

戦後の少年非行には、第1波（昭和26年・検挙人員約17万人）、第2波（昭和39年・24万人）、第3波（昭和58年・32万人）に続き、平成15年に第4波（20万人）という4つの波が読み取れます。第1のピークを迎えるまでの少年非行は、生きるための「生活型非行」として特徴づけられ、第2の波と言われる昭和39（1964）年までの少年非行は社会に対する「反抗型非行」と名づけられました。その後、単純な動機から行われる犯罪が増え、非行性の進んだ「伝統型・学習型非行」の対概念として「遊び型非行」（「初発型非行」と改称）と呼ばれました。

平成15年（2003）が第4のピークとなっているものの、その後は減少が続き、処遇の面からも、家庭裁判所に送致された少年の大半を、「不処分」と「審判不開始」が占め、少年法改正論議で語られる「少年犯罪の重大化」は量的・質的にも説得力に欠けています。

しかし、少年の再犯率が依然として高い水準にあること、少年の犯罪率が成人の犯罪率をはるかに凌ぐこと、「特定少年」（18歳・19歳）による凶悪事件が続発したこと、さらには、SNSをめぐる犯罪が激増していることなどの理由から、少年非行は大きな社会問題となっています。

また、性に関わる問題行動も憂慮されています。その背景として、少年自身の愛情欲求の未充足や「性の商品化」を進めてきた大人社会の問題点が指摘されています。さらに、IT化の進展と共に性非行の若年化や性被害の増加が懸念されています。

本書は、少年非行・性非行について、【事例】で問題の概要をつかみ、【指導の振り返り】で事案への対処の仕方を確認し、その時々の対応の可否を検討すると効果的に活用できます。【課題解決に導く基礎知識】では、「同じような問題を防ぐ」という、危機管理のナレッジマネジメントの観点からの対応策が例示されています。児童生徒の支持・支援に役立てていただけると幸甚です。

編著者　嶋﨑政男

こんなときどうする？生徒指導
少年非行・性非行

目 次

Chapter 1

少年非行

Case1

児童自立支援施設・少年院送致（中学生）

〈事例〉

1　入学当初から問題行動

中２のＡ男は小学生の頃から、同級生に暴力・恐喝を繰り返し、その情報を得た中学の１年学年会では、クラス編成・担任決定を巡って激論がかわされました。ベテランの女性教諭が担任を買って出てくれたのですが、入学当初から授業妨害・教師への反抗が続き、１学年担当教員は毎夜遅くまでその対応に追われました。

Ａ男は幼少時からサッカーが得意で、部活動もサッカー部を選択しました。サッカー部での活動中は、先輩からの厳しい注意にも素直に従っていましたが、教師から強い口調で叱られると感情の高まりを抑えられず、時には「ぶっ殺す」等の暴言を吐くことがありました。

担任は足しげくＡ男宅を家庭訪問しましたが、Ａ男が在宅していたことはほとんどなかったと言います。しかし、「夫が家に帰らなくなってから１年近くになります」と、涙ながらに訴える母親の話にじっと耳を傾け、母親との人間関係は徐々に深まっていきました。Ａ男の小４の妹と小２の弟も担任を慕うような言動が増えたとも聞きました。

そんな時、最初の大きな事件が起こりました。対教師暴力です。授業態度を叱責されたことから、男性教員に暴力を振るい、救急搬送されるほどのケガを負わせてしまったのです。夜間にまで及んだ職員会議では「厳しい措置」への支持が過半数を占めましたが、「教員の指導法の見直しが先決」とするリーダー格の女性教員に賛同する者も少なくなく、この「対立」は、「学校再建」の大きな障壁となりました。

2　傷害事件で「児童自立支援施設」へ

この件は、警察署へ被害届が出されましたが、A男は14歳未満だったので、児童相談所に通告された後、児童福祉司の指導を受けることになりました。しかし、A男の問題行動は収まることがなく、他校生との交流が始まると、街中での恐喝が明らかになる等、深刻化していきました。

連日のように、A男への対応に忙殺されていた担任は徐々に疲弊していき、夏休みを前に精神疾患を理由に休職することになりました。新担

任は難なく決まりました。校長の判断で、「生徒指導主事は担任を持たない」という慣行が破られ、私が担任になったのです。A男が属するサッカー部の顧問であることが決め手になりました。

「担任としてどのように関わっていけば良いか」、そんな思案をする間もなく、A男は大きな事件を起こしました。街で出会った高校生に暴力を振るい、大けがをさせてしまったのです。触法少年の扱いではありましたが、児童相談所は「家庭裁判所の審判に付すことが適当」と判断し、A男は家庭裁判所に送致されました。審判の結果は「児童自立支援施設送致」でした。

3　「出席停止」措置の検討

Ａ男が入所中は施設に何度も足を運びました。会うたびに表情が柔らかくなっていることに気づきました。母親らも定期的に面会に訪れていました。退所日間近には、施設のサッカークラブでキャプテンを任されるようになっていました。

「これなら大丈夫」。学校に戻ってからの生活を、そう確信していたのですが、期待はすぐに裏切られてしまいました。友人から多額のお金を脅し取っていたのです。数人の同級生が不登校気味になったことから判明しました。

被害者の保護者は「後の災い」を危惧したのか、被害届は提出せず、Ａ男の転校を要求しました。学校では「出席停止」の措置を検討しましたが、条件が整わず実施できませんでした。Ａ男は続く「事件」で少年院送致となりました。私自身の力不足を悔いる事例です。

指導の振り返り

❶ 指導方針の「対立」

「事例」ではＡ男の問題を記しましたが、校内の生徒指導方針が統一されていなかったことは問題解決の妨げになりました。日々問題行動への対応に四苦八苦する、生徒指導部に所属する教員に対し、「教育相談派」から、容赦のない批判の声が飛び交っていたのです。

教育相談の高度な研修を受けた女性教諭を中心に、「叱らない教育」を推進しようとするグループが形成され、「問題行動を繰り返す生徒にも人権がある」を合言葉に、「生徒指導は管理・北風・検事、教育相談は受容・南風・弁護士」としきりに主張していました。

「この『対立』は、『学校再建』の大きな障壁となりました」が、「少しでも足並みを揃えることができていたら」と、今尚悔やんでいます。Ａ男の件だけでなく、問題行動は頻発していて、そのたびに「不毛な論争」が生まれることが多く、教職員の心を蝕んでいったのです。

❷ Ａ男理解から進めた指導

学年会では、Ａ男の生い立ちや家庭環境を理解し、「学校のできるＡ男支援」について度々話し合いました。生徒指導部主催の事例検討会でも、Ａ男への接し方や家庭支援についての数々の提案がありました。

部活動での活躍の場や学級での居場所づくり、スクールカウンセラーとの面談、全教員が参画しての「学習教室」の開催等、Ａ男の心情を受け止めた上での指導・支援策は、「Ａ男の拒否」によって実行に移されることはわずかでした。
Ａ男への理解を深めようと、学年会で「解決志向のチーム会議」を開いた時のことです。Ａ男自身の持つ「内的リソース（資源）」と共に、人間関係や取り巻く環境にある「外的リソース」を挙げた時、「サッカーが得意」「冗談を言って友人を笑わせる」などの既知のものに、「涙もろい」「弱い立場にある者に共感的」などの新たな情報が加わりました。
これらをもとに、
「遠距離から大声で叱らない」
「近づいて、アイメッセージで話す」
「指示ではなく、自分で考えさせる」
などのＡ男と接するときの基本姿勢を確認したりもしました。しかし、なかなか成果を上げることができず、Ａ男の行動はエスカレートしていきました。

③ 外部機関との連携

Ａ男の「リソース探し」の過程で、「小学校低学年時の担任教諭との良好な人間関係」が出されたことがありました。藁にもすがる気持ちでこの方の助力を得ようとしましたが、退職後遠方に転居して叶いませんでした。しかし、「校内の力」の結集を図るとともに、「校外の力」の活用の重要性を考える良いきっかけになりました。
Ａ男が指導を受けた児童福祉司と家庭裁判所調査官の職場には何度もお邪魔しました。Ａ男への接し方等についての助言をもらい、学年会で共有したことも多々ありました。児童自立支援施設入所の折は、他の入所者への影響も考慮しながら、できるだけ多くの教員が面談できるよう訪問の許可をお願いしました。
学校運営協議会やPTAの会長さんとは、守秘義務の確認をした上で、学校の状況を正直に話して助言を得るよう努めました。地域の健全育成委員会の委員長・民生児童委員・人権擁護委員とは、Ａ男の家庭への支援方法を話し合いました。A男の妹・弟の通う小学校とも連絡を取り合いました。

これらの取組はA男への直接的支援には結び付きませんでしたが、「家庭支援」という意味では役立ったのでは、と考えています。

④「出席停止」措置の挫折

児童自立支援施設から自宅に戻ったA男は、授業終了と同時にユニフォームに着替え、ライン引きやボールの準備等、元気に部活動に励んでいました。

ところが、数週間後、警戒していた事態が発生しました。以前から付き合いのあった他校生との接触です。

学校名・氏名は掴んでいたのですぐに該当校と連絡を取ったのですが、両校とも「打つ手」は打ち果たした状況で、「見守っていきましょう」という決まり文句で電話を切りました。

それから、10日ほど経過した日のことです。Ａ男と同学年の生徒２名が休み始め、心配した保護者が相談に来ました。

その後、Ａ男の恐喝が原因であることが分かりましたが、両家庭とも、警察への被害届提出は全く考えてなく、「Ａ男の転校」を繰り返し依頼しました。学校が転校を指示することはできないので、生徒指導部会での結論を基に開かれた職員会議では、「他の生徒に心身の苦痛及び財産の損失を与えた」ことを理由に、Ａ男に出席停止の措置をとることを提案しました。

職員会議では、いわゆる「教育相談派」教員も含め全会一致で決議されました。しかし、ここからが難問続きの「いばらの道」でした。

学校教育法では、出席停止は「教育委員会」が「保護者」に対して命ずるものと定められています。校長が教育委員会に第一報を入れたところ来庁を求められ、すぐに校長と二人、教育委員会を訪れました。その日は、出席停止の法的意義の説明で終わりました。

二度目の訪問では、「性行不良であり他の生徒の教育に妨げがある」ことを証明する書類の持参を命じられましたが、これは記録の蓄積が十分ありました。

問題は、「出席停止期間中の指導計画」の作成でした。内容は埋まっても、担当者が足りないのです。結局、実施にまでは漕ぎ着けませんでした。「やらなかった」のではなく、「できなかった」のです。

課題解決に導く基礎知識

1 非行問題の現状

図１は、令和３（2021）年までの刑法犯少年数の推移を示したものです。20年間以上減少していることが分かります。しかし、刑法犯の人口比が成人の２倍であること、再非行少年率が依然として30％を超えていること、ここ数年、特定少年（18・19歳）の凶悪事件が多発していることなどから、少年非行の深刻化が懸念されています。本事案のように、教職員の休職者を生む原因ともなる非行問題は毎年、一定数以上発生していることが推測されます。

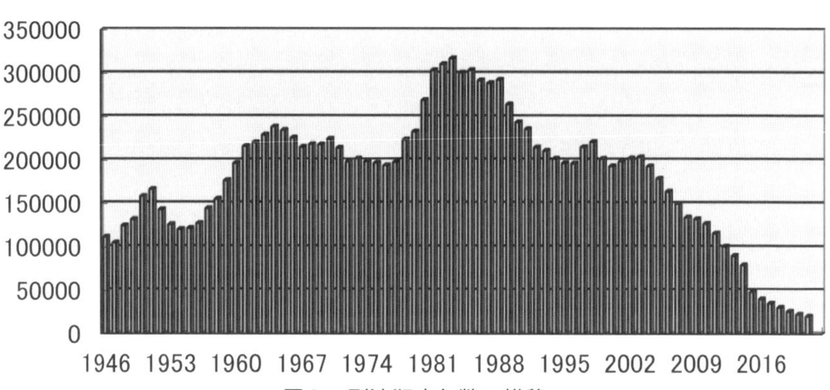

図１　刑法犯少年数の推移

2 問題行動を起こす生徒への対応

本事例には、指導方針を巡っていわゆる「生徒指導派」と「教育相談派」に「対立」があったことが記されています。今でも、「訓育的・管理的な生徒指導 vs. 受容的・援助的な教育相談」と、両者を対立的に捉えている人がいるようですが、「目の前にいる生徒の幸せ（権利・尊厳）を最優先する」ことは、教師として当たり前のことで、両者の目標に違いはありません。敢えて北風と太陽を対比させたとしても、北風の必要な場面は、学校にはいくらでもあります。

生徒一人ひとりは「かけがえのない存在」です。「決して見捨ててはならない」し、だからこそ「非なる言動」は「見逃してはならない」のです。「関心」をもって見守り、「信頼」して心理的事実（気持ち）はしっかり受容する。客観的事実に過ちがあるときは、そのことを「伝え」、どう考え、どう対処すべきかの判断は「任せる」。責任をはたす行為ができたら「認める」。

この「関」「信」「伝」「任」「認」の姿勢は、問題行動を起こす生徒と対応するときの基本姿勢といえるでしょう。加えて、「謝」の気持ちが伝えられたら、より距離を縮めることができるかもしれません。「ありがとう」（感謝）又は「ごめんね」（謝罪）の一言です。

3　リソース（資源）の活用

本事例では、外部機関との連携について詳しく触れられています。学校は「チーム学校」としてのまとまりを活かした一丸となった取組を進めることが大切ですが、同時に、生徒を支える様々な人々・機関との連携・協働が求められます。

学校に直接関係する人が随分増えました。スクールカウンセラー、スクールソーシャルワーカー、スクールロイヤー、部活動指導員、学校司書、支援員等の専門性が生きる組織マネジメントがますます重要になってきました。

社会に開かれた教育課程が標榜される中、地域の人々（民生児童委員、保護司、人権擁護委員、青少年委員、学校運営協議会委員等）への協力要請も効果的です。学校公開日に招待するなどして、日頃からネットワーク化を進めることが重要です。

さらに、非行問題関連では、警察署少年係、少年サポートセンター相談員、家庭裁判所調査官、少年鑑別所・少年院等の専門職員、児童相談所児童福祉司等から援助を受ける機会が増えます。それぞれの専門性を活かした連携・協働を進める上での留意点について知っておく必要があります。

4　「出席停止」の現状と課題

出席停止は、学校教育法第35条に「市町村の教育委員会は、…(中略)…性行不良であって他の児童の教育に妨げがあると認める児童があるときは、その保護者に対して、児童の出席停止を命ずることができる」と定められている制度で、本人の懲戒という観点からではなく、学校の秩序を維持し、他の児童生徒の義務教育を受ける権利を保障するという観点から設けられたものです。

この制度は、「腐ったミカンは捨てろということか」と酷評を受けることがありますが、「かけがえのない生徒」を「腐ったミカン」に譬え

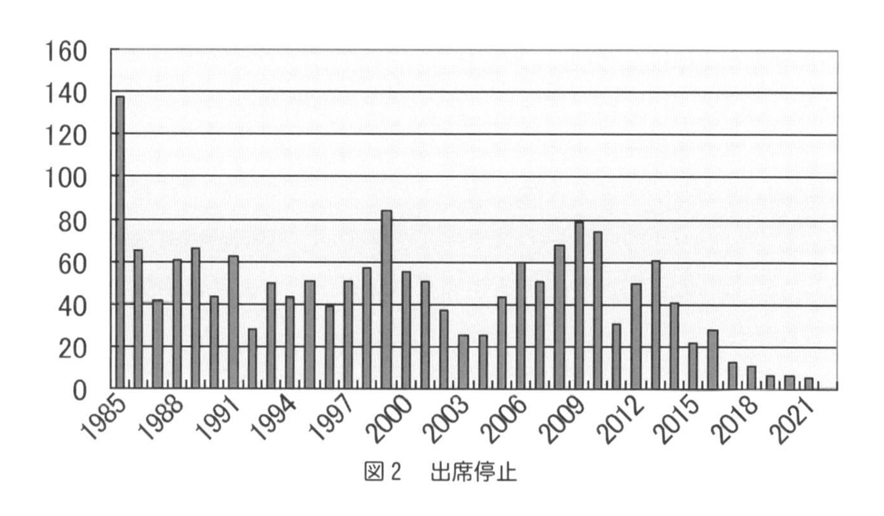

図2　出席停止

ること事態に誤りがあります。出席停止は「切り捨て」ではありません。全ての児童生徒の尊厳を守るための一つの手段です。「腐ったミカン」を切り捨てるのではなく、「腐らぬ」よう周囲の大人が「協働して」手を尽くす制度なのです。

しかし、実際に運用された件数は図２にある通り、ここ数年間は10件に満たない状況です。文部科学省等からは、適切な運用を求める通知が幾度となく発出されているにもかかわらずです。原因としては、報告者が述べているように、担当者の割り付けがうまくいかないことが多い点が挙げられます。

「複数対応」を原則とすると、出席停止対象者に対応できる教職員数が不足してしまいます。適時適切な実施には、教育委員会の人的・財政的援助が欠かせません。

Case2

30歳過ぎの通信制高校生
（高校生）

〈事例〉

1　レポートの不正

成人のＡ男が通信制高校に入学してきたとき、彼の周りには複数の女子の友人がいつもいました。

スクーリングに出席するときもそのような状況が常でした。スクーリング時の態度は特にふざけたり邪魔をしたりすることなどなく、いたって普通の学習態度でした。彼は30歳を超えるくらいの年齢で、大人の雰囲気でした。

ただ一つおかしなことがありました。郵便でレポート（提出課題）を返送するときの返送票の記載です。住所は入学時の提出書類に書かれている通りなのですが、氏名が、通称名になっているのです。しかしレポートはＡ男の自宅に届いているようなので、訝しいと思いながらスルーしていました。

ある日、定期的に締め切りを守って提出される生徒からのレポートを添削していた教師が彼の不正を発見しました。それは書道のレポートです。お手本に倣って毛筆の作品を仕上げてレポートとして提出するのですが、それが明らかにある女子生徒の物とそっくりなのです。変だと思い、Ａ男の提出レポートを、書道以外のものも全て調べてみると、驚くべきことにそれらのレポートも皆、他の生徒のものとそっくりなのです。そしてそのレポートを作成し提出しているのはいつも周りにいる女子生徒たちでした。
　A男から事情を聴き、事実を確認しました。なかなか認めませんでしたが、最終的には自分の不正を認めることになりました。
　学校としては、通信制の根幹となるレポートの不正が行われたことを、重大な指導事項と考え、全てのレポート提出を無効にする処分を行いました。

2　退学

　A男はその件以降ぱったりとスクーリングにも出席せず、新たにレポート提出をすることもなく退学していきました。取り巻きの女子たちもいつしかいなくなりました。
　退学してからわかったことですが、彼には犯罪歴がありました。詐欺

と窃盗です。それは彼の使用していた通称名の検索から浮かび上がってきました。入学当時には知るすべもありませんでしたが。しかし、仮にいくら犯罪歴があろうとも、正規の入学試験を受けて合格して来た者に差別などは決してあってはなりません。

彼の周りになぜいつも親しそうな女子が複数いるのか、それもわかってきました。ハーレムのように複数の女子に囲まれるような生活をしていたようです。過去に犯した犯罪についてもネットから情報が出てきました。

それでは彼は、一体何のために30歳を過ぎて通信制高校に入学し、高校卒業資格を取ろうとしたのか。高校の勉強などは彼には全く関係なかったのです。彼は何も明らかにせず、自ら学校を去っていってしまいましたので、彼と関わった教師同士での推測の話になりますが、彼は過去の経歴を消そうとしてその通称名に改姓したかったのだろうと。そのために、通称名で社会生活が送れるという実績を積み重ね、家庭裁判所での改姓を認めさせるために、通信制高校を利用しようとしたのではないか、と。

通信制高校では過去の犯罪や、虐待を受けた経験などから、自分の名前を変えて、新しく生まれ変わりたいという生徒が一定程度いるのだろうということを学ぶ機会になりました。

指導の振り返り

❶ 不正の発見

通信制高校であっても、「学習指導要領」に記載されているように、高校の卒業のために必要な履修科目などが全日制などと同様に規定されていて、２単位の芸術科目「書道Ⅰ」も必修科目の一つです。レポートは年６通、スクーリング出席は年８回となっています。レポート添削担当には非常勤講師も多く雇用されていて、芸術科目もその一つでした。

基本的に毎日勤務する専任教諭と、レポート返送処理に来校したり、スクーリング時だけの出勤となる非常勤講師は、日常的に多くの接点はないのですが、書道の担当講師はレポートの内容についての違和感を訴えてきました。毛筆で書かれている書道レポートに、違う人物であるにも関わらず、筆遣いなどが明らかに酷似しているものがある、ということでした。

「誰かが代わりにレポート作成しているのか？」という疑問はありましたが、確証はありませんでした。そこで当該生徒の通信制内の友人関係などを調べながら、「書道Ⅰ」以外のレポートについて、全て調べ上げることにしました。国語、数学、理科、……その他、通信制の職員全員の協力によってそれは可能となりました。

当該生徒と、友人たちの提出レポートを全てコピーし、つぶさにその正誤、筆跡などを調べ上げ、まとめた資料を職員会議で検討しました。結果は明白でした。当該生徒のレポートは明らかに友人たちの代行で作成されていると判断できました。この事実をもとにして、当該生徒を呼び出し、事実の確認を行うことになりました。

② 事情聴取

通信制は基本的に土曜（又は日曜）などの休日を登校日としているので、生徒の多くは、その他の日はアルバイトや他の用事が入っていて、スクーリング日以外に呼び出すことは難しいという事情がありました。スクーリングの日は通信制教員はほとんど空き時間のない勤務となり、複数の教員で個別に事実確認のための生徒との面談時間を組むのは至難の業でしたが、管理職も含めて、全員体制でこの不正に関係があると思われる生徒と個別に面談をして、事実や情報の相違などを確認する作業が続きました。

代行したと思われるレポート資料のコピーを提示しながら、筆跡、正解と誤りが同じように発生している事実等を一つひとつ示していくことで、言い訳できる余地はなくなり、本人たちは不正を認めることになりました。

③ 不正行為の処分

通信制という環境の中では、自宅謹慎や、登校謹慎というような指導には無理があります。そのため不正行為や授業妨害などの問題行動があった場合には、反省文と共に、スクーリング出席を取り消したり、提出されたレポートを無効にしたりして反省させた上で、再度の学習を促すようにしています。

成人の生徒の場合は、保護者を呼び出すこともなく、本人への申し渡しということになります。Ａ男は30歳を超えているので、今回もそのような形をとりました。

申し渡しの日を境にＡ男はレポート提出を再開せず、スクーリングにも出席もしないで、学校から姿を消していきました。彼は自分の起こした不正行為が、通信制で真摯に学ぶ生徒たちへの侮辱行為だったこと、全国の通信制高校の品位と信頼を貶めたことを認め、静かに身を引いたのだろうと思っています。

❹ 指導を振り返って

今回の件は、書道のレポート添削にプロ意識をもって取り組んでいた講師の目が発見したものでした。通信制には全日制などと比較しても在籍生徒が多数存在することが多いため、添削課題と呼ばれる通称「レポート」も、郵便物として毎日大量に届き、その開封、受付手続きなどの事務処理量も多いのです。

今回の件は、たまたま毛筆の作品という実技の内容が反映するレポートであったから発見できたのかもしれません。多くのレポートの中には、国語や数学、その他のレポートの中には、紛れてしまっていても、怪しいものが潜んでいるのかもしれないのです。

生徒一人ひとりのレポートはテストの丸付では無く、その生徒と向き合う時間なのだという事、そのようなプロの添削眼をもって仕事にあたらなければならない、ということを今回の件で多くの教員は再認識させられたと思います。

通信制高校では、レポート処理もさることながら、スクーリング時には、出席者の数が予想以上に膨らみ、教室があふれることもあります。

生徒の中には、小中学校の不登校経験者、高校中退者、犯罪歴のある生徒、拒食症や統合失調症、腎透析や車いす利用など、様々な肉体的、精神的ハンディキャップを抱える生徒等がいます。彼らは高校卒業資格を取得してステップアップし、社会に出ていく意欲をもち、毎日の学習に励んでいます。ほとんどの生徒たちはそうなのです。

この通信制という教育環境を存在させている根幹は、そこで学ぶ生徒たちのこのような真剣な学習意欲なのでしょう。それが失われたら通信制は教育的価値を大きく失ってしまうはずです。

通信制という教育システムを存続させていくためにも、今回の件は通信制で最も大切なことを教えてくれました。

課題解決に導く基礎知識

1 「非行少年」とは

少年の健全な育成を図るため、非行少年に対する処分やその手続きについて定めた「少年法」では、家庭裁判所の審判に付する少年を次のように定めています。

「犯罪少年」（罪を犯した少年）
「触法少年」（14歳に満たないで刑罰法令に触れる行為をした少年」
「虞犯少年」（保護者の正当な監督に服しない性癖がある等、その性格又は環境に照らして、将来罪を犯し、又は刑罰法令に触れる虞（おそれ）のある少年）

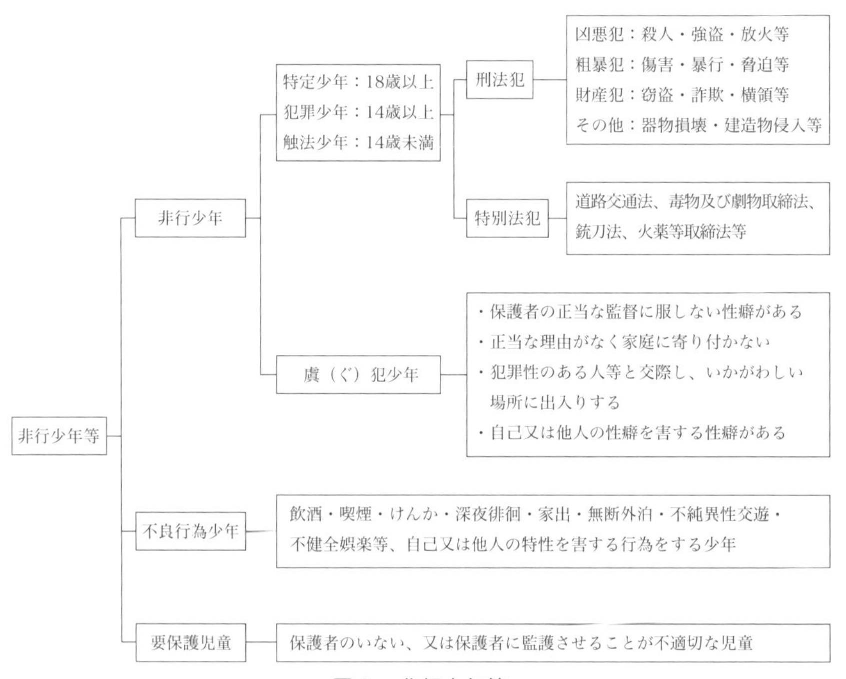

図3　非行少年等

また、令和４（2022）年に施行された改正少年法では、18歳・19歳は「特定少年」とされ、これまで通り少年法の適用を受けますが、検察官送致等の手続きが一部改変されました。これらの総称が「非行少年」です。これに「不良行為少年」と「要保護児童」を加え、「非行少年等」と呼ぶことがあります。

なお、「少年」は「二十歳に満たない者」と定義されています（少年法第２条）。

2　学習機会の拡大と生徒指導

本事案の対象者（Ａ男）は30歳を超えています。少年法が定める「少年」ではありません。従って「非行少年」には該当しません。しかし、Ａ男は、入学を希望し、高校卒業資格を取ろうしている「本校の生徒」です。成人年齢に達していようと、指導・支援の対象者からはずすわけにはいきません。

学習機会の拡大が進む中、今後、このような（就学年齢を超過した生徒への対応）事例が増えていくものと思われます。

教育の機会確保法は、正式名称に「義務教育の段階における」が冠されているように、小中学校での教育の機会確保を定めたもので、不登校対策を重点的に示したものですが、決められた基準によらない教育課程の編成が可能な「特例校」の設置、高等学校における通信の方法を用いた単位認定、義務教育を修了しないまま学齢期を経過した者の教育機会としての夜間中学の設置・充実等、教育の機会確保への動きは活発です。

『中学校学習指導要領』には、新たに「生徒の発達の支援」の節が設けられ、「学齢を経過した者への配慮」として、「年齢、経験又は勤労状況その他の実情を踏まえる」よう求めています。

今後ますます、学齢を経過した年齢の高い生徒が在籍する学校の増加が予想されます。

このような実情に的確に対応できるよう、生徒理解の進め方や生徒指導の在り方について、十分検討しておく必要があります。その際、年齢差のある生徒集団を指導してきた夜間中学校等が積み重ねている「実績」は大いに役立つと思われます。

3　通信制における非行問題対策

本事例では直接当該生徒への支援・指導を行う場面は少なかったのですが、教職員が一丸となった取組や、その前提となったであろう基本的な考え方・姿勢には、学ぶことが多々あります。

一言でまとめると、生徒一人ひとりに温かな眼差しを注ぎながら、「ダメなことはダメ」と、人生を切り拓いて生きる上での大切な姿勢を伝えていることです。

管理職を含めた全員体制での個別面談の実施、大量な資料の徹底した分析作業、問題行動が明らかになった場合の「反省文と共に、スクーリング出席を取り消したり、提出されたレポートを無効にしたりすることで、反省した上での再度の学習を促す」指導。このような一連の取組は、方針が明確であるために円滑に進められたのではないでしょうか。

その前提になっていたのが、肯定的な生徒観と思われます。「新しく生まれ変わりたいという生徒」と捉えると、「何とか力になりたい」という気持ちが強まると思います。

事例報告者の次の記述には深く納得させられました。同時に、通信制高校の意義を理解することができるとともに、同校に学ぶ生徒たちの幸せな表情を思い描くことができました。

生徒の中には、小中学校の不登校経験者、高校中退者、犯罪歴のある生徒、拒食症や統合失調症、腎透析や車いす利用など、様々な肉体的、精神的ハンディキャップを抱える生徒等がいます。彼らは高校卒業資格を取得してステップアップし、社会に出ていく意欲をもち、毎日の学習に励んでいます。

Case3

犯罪歴のある生徒（高校生）

〈事例〉

彼（A男）は全日制商業科の２年生に４月に編入してきました。商業科と情報科がある地域の伝統校で、女子生徒が男子生徒よりも若干多い高校です。担任として担当する私は入学時に面談をしました。私立高校を中退したことが記載されていました。その他には特に目立った記載はありませんでした。中退・編入ということで通常の２年生よりも１歳年上でした。

なぜ中退したのか、前の学校を辞めてから何をしていたのか、また新しくこの商業高校に入ろうと思ったのはどうしてなのか、いろいろ聞きだそうと思いましたが、彼の口から多くのことは語られませんでした。これから少しずつ信頼関係をつくりながら、話をしていけばいいか、とその時の私はあまり深く突っ込むこともなく、これから新しい学校で頑張っていこう、というくらいの話でその時は終えました。

４月からの学校生活で特に気になることはありませんでした。授業中の態度、日直やホームルーム時の様子、清掃時に班員と話し合っている様子も見ることができて、１つ年上でも少しずつクラスに溶け込んでいっているんだろうなと感じました。

６月の体育祭では応援団の一員として、団旗をかざしながらリレーで全力疾走する姿から彼の一生懸命さを感じていました。体育祭までの日々の準備で、様々な人間関係の中でも身の処し方ができており、彼の社会適応性等の問題はないのだろうと楽観していました。

2学期になって事件が起きました。A男とある女子生徒との間で起きたものです。隣のクラスのB子の母親から「娘が家に帰ってこない、どこにいるのかわからない」と連絡がありました。B子の所在を知っているかもしれない友人たちに事情を聴くうちに、A男と一緒にいることがわかってきました。そのことを教えてくれた生徒にA男は脅しをかけてきました。警察にも連絡する事態になりB子は家に戻ることになりました。

学校として特別指導のため、A男を呼び出しても、この件以降、彼はすでに学校をやめる決心をしていて、学校に姿を現すことはありませんでした。実は学校側は全く知らなかったことが、8月の夏休み中に起きていたのです。そのこともあって、A男は教員側の指導を受けて学校を続ける気持ちはすでになくしていました。

その後、A男が学校側には見えないところでどんなことをしていたのかがだんだんとわかってきました。全く学校側に知られることなくパーティー券を校内で売って、乱交パーティーを行い、その中にはクラスや学年の生徒もいたのです。

事実がわかってくる中でパーティーに参加した生徒に特別指導を行うことが続きました。その件で数名の生徒は退学していきました。A男と半同棲状態だったB子も学校を辞めていきました。

A男のことは地元でも知っている生徒がいて、その生徒はそれまでは口を開きませんでしたが、A男が2年生に編入してきた時には恐喝や窃盗の犯罪行為での保護観察中だったというのです。なぜもっと早くそのことを知って、早期の対応をしなかったのか、悔やまれてなりません。その当時の私は、少年審判や保護観察、少年鑑別所や少年院などについては全く無知で関心もありませんでした。

彼が学校に在籍している間に起こした事件により、多くの高校生が進路を変更せざるを得なくなってしまったのです。A男は自身の保護観察処分を自分に有利に終えられるように、高校編入という事実を作りたかったのでしょう。自分の起こした犯罪により、更に重大な処罰を受ける前に、姿を隠してしまったのだろうと思われます。

指導の振り返り

❶ 編入学直後の面談と家庭訪問

A男本人と入学後の面談をした際に気になることがありました。一つは、彼の肌の色が異常に黒いことでした。二つ目は、歯がひどく傷んでいる様子だったこと。三つ目は、何か甘い香りが漂っていたことでした。今にして思えば、シンナーやコカイン、大麻などの薬物の使用が考えられそうなサインをいくつも示していたはずなのですが、当時の私は薬物関連の知識も関心もなく、普通の高校生には無縁の世界だと信じていました。

編入学生徒の保護者と会う機会は、通常の入学式後の一斉保護者会のように設定されているわけではないので、4月の家庭訪問しかありませんでした。彼の家は母親と弟の3人家族でした。私立高校を中退した理由は、喫煙によるものだという話を母親から聞きました。中退した後にやっていたことは、アルバイト等のほかには詳しい話がされることはありませんでした。恐らく、A男は母親に話をしないように固く口留めをしていたのだと思われます。

A男本人、母親と面談しても、A男の提出した入学時の書類の中に記載されていること以上の情報は殆ど得られることは無く、犯罪を犯して逮捕されたこと、家庭裁判所で少年審判を受けたこと、それらは私が前籍校や警察や家庭裁判所など、自ら情報を得るための行動を起こさない限り入ってくるものではなかったのです。

② 平穏な毎日の高校生活

４月の学級開き以降、毎日の授業を中心にした学校生活の時間は穏やかに流れていきました。遠足や中間試験なども特に問題なく過ぎていき、当面の大きな行事は６月の体育祭でした。彼は体育祭の応援団に自ら入り放課後の応援団練習などに積極的に参加しました。

Ａ男が「昨日はＣ先生と帰り道が一緒になって、ずーっと一緒に話しながら帰ったんだけど、チョー気まずかった！」などとクラスメイトと談笑しているのを見ると、ごく普通の高校生の様子でした。

Ｃ先生は野球部の監督で校内でも厳しい先生で通っている強面の体育教諭で、私と同じ学年の担任メンバーでした。Ａ男のその話の裏をとる意味もあって、Ｃ先生と雑談する中では、Ｃ先生もＡ男に対してごく普通の高校生だという印象を持っているのが分かりました。Ａ男はこんなエピソードを話すことで、自分がＣ先生にも認められているということを他の生徒たちに印象付けたかったのかもしれません。

応援団の練習は、放課後の校内での練習後も、近隣の公園や河川敷などで夜遅くまで活動していました。教員は輪番で担当を決めて、夜間の練習で羽目を外したり、危険な行為や問題行動等がないように、巡回などをしていました。その中でもＡ男の行動には特に問題はなかったようです。しかし、このような応援団の練習をしながら他の生徒たちと多くの時間を共有し、Ａ男は、徐々に自分で考えているある行動を起こすための人脈をつくり上げていったのだろうと思います。

③ ８月の乱交パーティー

パーティー券を校内で売っていたこと、学校外の非行グループとつながっていたこと、本校の生徒に多数参加者がいたこと、その中には準備のために避妊具などを買う役目をした生徒たちもいたことがわかってきたのは、Ａ男が私たちの前から姿を隠してしまった後のことでした。

関係する生徒たちに特別指導をする中で事実が分かっていきました。

部活動で頑張っていた生徒、将来の目標を決めて各種検定試験に向けて頑張っていた生徒等、様々な生徒がいましたが、彼らの多くは学校に戻るよりも自主退学を選択していきました。

❹ その後の経緯

Ｂ子との同棲事件以降、連絡を取っていく中で、彼は退学届けをもって学校にやってきて私にそれを手渡したのが最後でした。その頃にはＡ男の行ったパーティー事件についてはほぼ全貌が判明し、退学すると言っていた生徒たちもすでに学校を去っていました。

彼は私の問いかけに対して、今後のことについて簡単に話をしました。すでに仕事をしていること。建築現場での内装作業で朝が早いとか複数人でワゴン車に乗って現場に行くのだとか……。しかし彼の口からは謝罪の言葉を聞くことはありませんでした。

彼は自分の犯した罪で、捕まることを極度に恐れていたのだろうと思われます。連絡先、住所など、自分について不利益が起きそうなことについては一切口を閉ざしていました。犯罪歴の経験から、彼は自分を守るための知恵をつけていたのでしょう。

同棲事件を起こしたＢ子と一緒に生活しているという噂が耳に入ってきたこともありますが、その後のことは詳しくは分かりません。

犯罪歴のある生徒については、やはり甘いものではないということ、相当な覚悟と準備などをして対応していかないといけない、外部機関ともっと連携を強めないといけないということを身に染みて教えられた事件でした。

少年非行や犯罪者の心理、非行少年の処遇など、もっと教師は学ぶべきだと強く心に刻みました。

課題解決に導く基礎知識

1　少年法に基づく「非行少年の処遇」の流れ

事例報告者は、「その当時の私は、少年審判や保護観察、少年鑑別所や少年院などについては全く無知で関心もありませんでした」と、自省を込めて述べていますが、非行少年の処遇については、少年法と共に十分理解しておく必要があります。

次頁の図 4 は、その流れを図示したものです。

審判（成年における「裁判」に当たる）に付すべき少年（犯罪少年・触法少年・虞犯少年）は、家庭裁判所に送致や通告等を受けると「調査」（少年法第 8 条。以下、「○○条」とあるのは少年法）が行われます。

その際、審判を行うために必要な場合は、①家庭裁判所調査官の観護に付されるか、②少年鑑別所に送致されます（17条）。

調査の結果、

①児童福祉法の措置（18条）
②審判不開始（19条）
③検察官送致（20条）
④審判開始（21条）

のいずれかの決定がされます。

③の検察官送致は、刑罰を科すべきと判断した場合に行われるもので「逆送」と言われます。

審判が実施された場合には、保護処分に付しない「不処分」（23条）を除き、

①保護観察所の保護観察
②児童自立支援施設又は児童養護施設送致
③少年院送致

のいずれかの保護処分が決定されます。

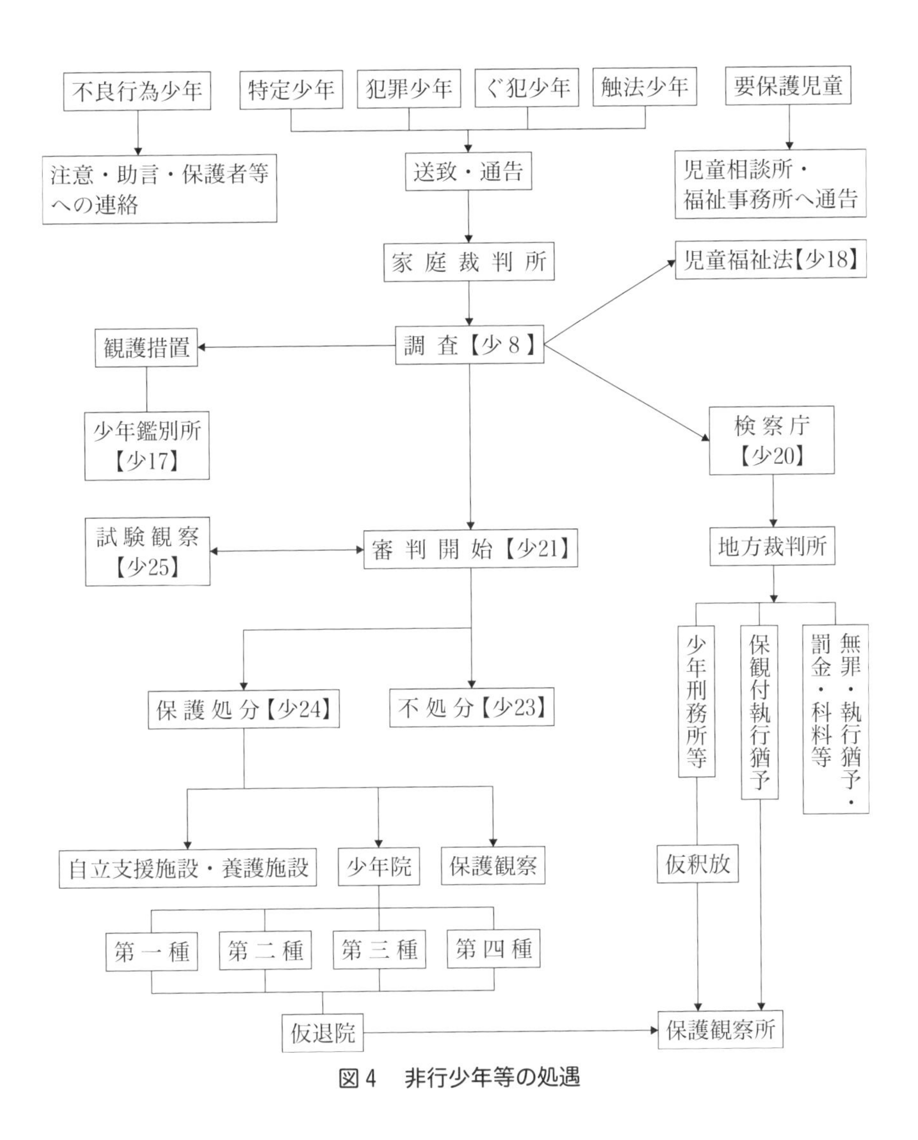
不良行為少年
特定少年
犯罪少年
ぐ犯少年
触法少年
要保護児童
注意・助言・保護者等への連絡
送致・通告
児童相談所・福祉事務所へ通告
家 庭 裁 判 所
児童福祉法【少18】
観護措置
調 査【少 8】
少年鑑別所【少17】
検 察 庁【少20】
試 験 観 察【少25】
審 判 開 始【少21】
地方裁判所
少年刑務所等
保観付執行猶予
無罪・執行猶予・罰金・科料等
保 護 処 分【少24】
不 処 分【少23】
自立支援施設・養護施設
少年院
保護観察
仮釈放
第 一 種
第 二 種
第 三 種
第 四 種
仮退院
保護観察所

図4　非行少年等の処遇

Ａ男の場合、恐喝・窃盗の犯罪行為により、警察署から家庭裁判所に送致されたと思われます。家庭裁判所では、本人を在宅（自宅に居住し、通常の生活を送る）させたまま、調査官が本人の特性及び家庭・学校・職場環境等を調査することが多いのですが、Ａ男は収容しての調査（少年鑑別所入所）が必要と認められたものと思われます。

2 「保護観察」に付された生徒への対応

保護観察は施設収容ではなく、社会のなかで更生を図る制度です。保護観察所の保護観察官が進めますが、多数の対象者を担当するため、より濃やかな保護観察を進めるため、地域のボランティアである保護司の協力を得て進めます。

保護司は月に１～２回保護観察対象者と面談し、少年の生活状況等を把握するとともに、更生に向けた助言・指導・支援を行います。

保護観察では、対象者が守るべきルールを決め、立ち直りを支えています。これが守れない場合は、保護観察所長から警告が出され、それでも改善されないときは、家庭裁判所の審判により少年院に収容されます。

守るべきルールは、「健全な生活態度を続ける」などの５項目からなる一般的遵守事項と、個々に応じて決められる特別遵守事項があります。Ａ男の場合、私立高校在学中であったことから、「特別の事情がない限り学校に通い、勉学に励む」などの特別遵守事項があったと推測されます。

本事例では、「母親と面談しても、Ａ男の提出した入学時の書類の中に記載されていること以上の情報はほとんど得られることはありませんでした」とあります。個人情報保護との関連もあって難しかったと思いますが、学校と保護司との連携が深まっていれば、違った展開が期待できたかもしれません。

事例報告者が指摘しているように、非行少年の処遇についての理解や外部機関との連携は、少年非行問題への対処に当たっては必須と言えます。保護観察の意義を知っていれば、A男が「捕まることを極度に恐れていた」心理も理解できたでしょうし、担当保護司との連絡が取れていれば遵守事項を守れるような支援ができたかもしれません。

「もっと教師は学ぶべき」

まとめの言葉が胸を衝きます。

Case4

非行を繰り返す生徒（中学生）

〈事例〉

1　大好きな母が出て行ってしまった

小６の頃Ａ男は、優しく少々気弱に見える父親と、この学区の出身で、実家は裕福だった母親、非行傾向のあった高校生の兄との４人暮らしでした。Ａ男は、母親が大好きで、母親に言われると素直に聞いていました。ところが、小学校を卒業すると同時に父親が失業し、母親が家を出て行き、兄も就職とともに会社の寮に入ったため、Ａ男は、父親と２人で生活することになりました。

父親は慣れない家事に取り組み、失業保険で生計を維持し、仕事を探していました。やがて就職先が見つかり、なんとか生計を立てることができるようになりました。Ａ男は、母親とは母親の実家で時折会っていたので、お小遣いが足りなくなったときや、何か相談事があると、母親のもとを訪れていました。とりわけ、母方の祖母がＡ男をとても可愛がっていたので、母親の実家には行きやすかったのです。

2　中学校に入学して

中学校に入学してからのＡ男は、落ち着きがなく、授業中は学習についていけないため、教師の目を盗んで手紙を回したり、教師をからかったりして、授業の邪魔ばかりしていていました。クラスメートにも、嘘をついたり、いたずらをするため、あまり信用がありませんでしたが、どこか人懐こいところもあるため、憎めない存在でもありました。

雨の日は、他人の傘を勝手に持ち帰ることが多く、「なぜ、他人の傘を持ち帰るのはよくないのか」という題材で、学級活動での話合いをもったことがありました。ある女子生徒が、「他人の傘を持って帰るなんて、信じられない。その人は、人のことを考えられない人だと思う」と興奮気味に発言したのを見て、A男はものすごく驚いていた様子でした。その女子は、A男が普段よく話している生徒だったこともあったのでしょう。その話合い以降、クラスの傘がなくなることはありませんでした。

3　万引き・深夜徘徊等が続いた中１の夏休み

夏休み、交番からＡ男ら５人が万引きをして補導されたと、学校に連絡が来ました。学級担任と学年主任が交番に駆け付けたところ、Ａ男がリーダー格で、１回目ではないらしく、ホームセンターでは花火、本屋で雑誌、スーパーでは、毎日のように食べ物を万引きしていたということがわかりました。

残りの夏休みは、他校の家出女子を数日間、自宅に泊めたり、家出や深夜徘徊を繰り返すなどして、父親が捜索願を出したため交番に保護されました。学級担任が家庭訪問をし、父親とじっくり話をしました。父親の失業、母親の出奔、母親を慕うＡ男の心情等、赤裸々に語ってくれました。その頃から学級担任は父親とは気軽に連絡がとれるようになりました。

4　さらに大きな事件～「タイマン」の強要～

夏休みが終わってすぐ、Ａ男は、学校の帰り道の公園でいつものメンバーで遊んでいましたが、その中の一番弱そうなＣ男とＤ男の二人に命じて殴り合い（タイマン）をさせました。

そこにＡ男と少し仲の良いＢ男が通りがかり、面白半分で後ろにあげた片足が一方の男子Ｃ男の小指に当たり骨折させてしまいました。

翌日、骨折したＣ男の父が腕を三角巾でつった本人を連れて謝罪を求めに来校したことで、その事件が発覚しました。

Ｃ男の父親を校長室に通して、校長・学年主任・生徒指導主事の３人で対応しました。父親は、骨折させたＢ男を連れてくるようにと執拗に迫りました。

断り続けていたのですが、学年主任がＢ男の母親に電話をして事情を伝えたところ、Ｂ男の母親は菓子折を準備して急いで来校し、Ｃ男と父親に深々と頭を下げました。治療費のみをB男の家庭で支払うということで、いったん話は収まり、C男と父親は帰りました。

放課後、関係生徒から事情聴取をしましたが、他の生徒は、A男が言い出して始まったと言っていましたが、A男だけは、怪我をさせたのはB男だと言い張り、自分は関係ないと認めませんでした。

5　スマホを買ってもらうと・・・

3学期になるとA男は、母方の祖母にスマホを買ってもらいました。しばらくすると、SNSに飲酒・喫煙している自分の写真をアップしたり、クラスメートの悪口をアップしたりということが、教育委員会のサイバーパトロールに発見され、度々連絡がありました。

中学1年生のうちは、自分の居場所を見つけられずに、反省はするものの、またすぐに事件を起こしてしまうことを繰り返していました。

指導の振り返り

❶ 万引き後の指導

夏休みの万引きが発覚したとき、学校（学級担任と学年主任）としてまずは、５人の生徒の保護者に、次のようなことを話し、一軒一軒謝罪に行くことを提案しました。「万引きをした各店舗に親子で謝罪に行き、子供の前で親が店主に頭を下げるところを見せることで、親にこんなことをさせて申し訳ないという気持ちを抱かせることが、次の抑制に繋がるかもしれないので、よろしくお願いします」ということと、「学校としても、親御さんがそうやって足を運んで謝ってくれているのは、『あなたたちのことを大事に思っているからだよ』ということを話してフォローしていくので」ということです。

全員の謝罪が済んだ後に、次は子供を守っていくための作戦タイムと称して、関係生徒の保護者全員で集まりましょうと呼びかけ、子育てについて困っていることなどを話し合う機会を設けました。親同士の電話番号を交換し、何か気になることがあったら連絡し合うことにし、子供の外出先と帰宅時間は必ず確認してから外出させることを親同士で決めました。

さらに、子供たちに反省を促すために以下の二つのことを実践しました。一つは夏休みに学校の花壇の草取りを全員とその学級担任とで１週間続けました。いろいろな会話をしながら汗を流すと、子供たちもさっぱりした様子でした。

もう一つは警察との連携です。交番ではなく警察署で数回親子面談をしたり、子供たちと学級担任を集めて、1学期に学校でおこなった万引き防止集会（警察もゲストで来校していた）の VTR を観せながら、講話をしてもらいました。私たち学級担任も身が引き締まる思いがしました。保護者も次第に、自分の子供は、自分たちの家庭でしっかりと育てようという雰囲気になっていきました。

❷ 具体的にいじめ対策を積み重ねて

仲間に殴り合いをさせた件は、いじめにあたるので、C 男の父親が怒鳴り込んできた日の放課後に、関係生徒から学級担任が話を聞き、集めた情報を生徒指導主事がまとめ、管理職と打合せをした後、緊急のいじめ対策会議を開いて今後の指導の予定と役割分担を確認しました。まずは、関係生徒・保護者と学級担任・生徒指導主事で一家庭ずつ面談をして事実確認と指導をしました。

A 男に関しては、学年主任も加わって面談を行いました。A 男の父親と B 男の母親は、C 男の家庭に子供を連れて謝罪に行きたいということだったので、その日の夜に学年主任と学級担任も同行しました。C 男の両親は、まだ怒りが収まっておらず、前日以上の勢いで怒鳴り、特に B 男の母親はとても怯えていました。学年主任が、C 男の学校生活をサポートをしていきたい旨と、今後、関係生徒たちには、適切な指導をしていきたいと考えているので少し時間をくださいということを伝えました。A 男の父親と B 男の母親は何度も頭を下げていました。A 男と B 男もそれにつられ、頭を下げていました。

翌日、2回目のいじめ対策会議を開き、関係生徒たちからの事実確認の内容と C 男の家庭に謝罪に行ったときの様子を報告し合い、今後の対策を練りました。

この日話し合って決めたことは次の4つ。

①教育委員会にも報告・相談し、関係生徒には、2週間の個別の別室学習（空き時間の教師がつく、プリント学習、テーマを決めて考えさせ

る作文を５種類書かせ学年のさまざまな教師からコメントをする）を行うこととする。

②Ｃ男の骨折の治療費に関しては、Ａ男の父親からも申し出があり、Ａ男の父親とＢ男の母親とで話し合い、折半することになりました。

③Ｃ男の骨折が利き手の右手だったので、授業中の学習に関してのフォローは各教科担任で行うことにする。

④当面、１週間ごとに関係生徒とＣ男の保護者とコンタクトをとり、状況報告と改善されてきたことについて会話をすることで保護者との関係性を築いていく。

Ｃ男の怪我は１ヶ月半くらいで治り、半年くらいかかってようやく、Ｃ男の両親も学校の対応に理解を示してくれるようになりました。

③ SNSへのアップ問題については母方の祖母の力を借りて

生徒指導主事から数回に分けて違法行為についてＡ男に説明し、万引きのときにお世話になった警察署の方にも面談をお願いしました。

大好きな祖母に買ってもらったスマホなので、祖母に「スマホ貸与契約書（祖母が買って本人に貸しているということとする）」を作成してもらい、10個の約束を本人と確認し、契約違反したときは、いつでも、祖母にスマホを返却するということになりました。

次々と問題行動を繰り返すＡ男について、後手後手な対策が多かったので、定期的に心に染みる話をしたり、学習面での個別サポートもしながら、本人が夢中になれるものを見つけようと、父親・母親と学年主任・学級担任でじっくりと話し合い、中１を終えました。

課題解決に導く基礎知識

1　保護者間の関係構築

本事例は、万引・暴行・強要等を繰り返すA男に対し、そのグループへの支援・指導に当たった中学校の記録です。参考になる取組が多々ありますが、特筆すべきは問題行動を起こした生徒全員の保護者で、「子育てについて困っていることなど話し合う機会」を設けたことです。

グループでの問題行動が繰り返されると、保護者間で「最も悪い生徒探し」が始まり、互いに相手を非難し合うことが起こりがちです。しかし本事例の場合は、保護者同士が悩み等を吐露する中で、「みんな（親）でみんな（子）を手助けしよう」という気運が次第に高まっていったものと推測されます。

この雰囲気が生徒たちに良い影響を与えないはずがありません。「保護者全員で集まりましょう」と、「作戦タイム」を提案した学校の「大金星」と言えるでしょう。外出のルールを親同士で決めるなど、保護者同士の協働は効果てき面でした。

非行グループ内の保護者間の人間関係を構築するには、相互の不信感・他責感の払拭が必須です。調整役（学校）には相当の力量が求められます。本事例では、学校内の生徒指導体制が整備されていたこととともに、保護者同士の話合いにおけるファシリテーター役の活躍があったことで、保護者同士の連携・協働が円滑に進められたものと思われます。

本事例には、その具体的な進め方についての記述はありませんが、全員の意見を「傾聴」し、否定することなく「頷き」、その言葉を「繰り返し」続けた様子が想像されます。

2　「共汗」は「共歓」「共感」につながる

筆者は、かつて小学生・中学生・高校生・保護者を対象に「教師との人間関係が深まった（教師を好きになった）きっかけ」を自由記述で問うアンケートを実施したことがあります。ＫＪ法で整理したのですが、上位に入った「きっかけ」（体験）は、共に（一緒に）「汗を流した」（運動や労働）、共に歓んでくれた、自分の気持ちを分かってもらえたという３つの「共かん（汗・歓・感）」にまとめることができました。

本事例からも、その結果を追証するエピソードを挙げることができます。夏休みに、教師と万引きに加担した生徒たちで１週間、花壇の草取りを続けたことは、文字通り「共汗」です。汗を流しながらの会話は、相互理解を深め、信頼関係の構築に役立ったと思われます。

２週間の別室学習では、生徒たちは問題が解けた時の教師の励ましや作文へのコメントから、「共に歓ぶ体験や共感してもらえた嬉しさ」を何度も味わうことができたのではないでしょうか。

担任や生徒指導主事など、特定の教師任せにしないで、同学年担当教師などが多様なかかわりをもてたことも成果を高めることに繋がったようです。

警察との連携においても、警察職員による親子面談の実施や、「万引き防止集会」での協働等、「共かん」の場面が多々あったことが推測されます。

法的処遇での出会いとは違った警察の対応に、生徒たちだけでなく、保護者にも大きな影響を与えたようです。

「保護者も次第に、自分の子どもは、自分たちの家庭でしっかりと育てようという雰囲気になっていきました」

という記述がそれを証明しています。

3　自らの「責任」を考えさせる

本事例に学ぶ３点目は、「責任」を学ばせることの重要性です。

現実療法の創始者で知られるグラッサーは、非行問題への取組でも数々の業績を残していますが、「３Ｒ」で示された基本姿勢は、学校現場ですぐにでも活用できるものとして注目されています。

「３Ｒ」とは、Reality（現在）、Responsibility（責任）、Right&Wrong（善悪）に共通する頭文字「Ｒ」から名づけられたものです。

次のように説明されます。

> 問題は社会や境遇等の「過去」にあるのではなく、「現在」にある。自分の行動を直視し、しっかりと善悪の区別をして、自分の行動に責任をもつことが大切である。

この観点から本事例（Ａ男への取組を中心に）を振り返ると、グラッサーのこの考え方が随所に生かされていることに気づかされます。特に、Ａ男が自らの「責任」を考えることができるようになった過程は、事例研究会で取り上げて検証する価値のあるものです。

傘紛失事件では、担任はアンケートをもとに学級活動を展開しました。女子生徒の発言に、Ａ男は不幸な家庭事情（過去）から、「現実」に引き戻されたのでしょう。「ものすごく驚いた様子」がそれを物語っています。その後、傘の紛失がなくなったのは、Ａ男が自らの行動に責任を果たした証左と言えます。

万引きをしてしまった店舗を一軒一軒訪ね、父親が頭を下げる姿を目の当たりにしたＡ男は、自分の行動の非に気づいたことでしょう。殴り合いを強要したことにより友人にケガを負わさせてしまった件では、Ａ男は責任を自覚できなかったようですが、治療費の支払いという「現実」から、「責任」の重要性を学んだはずです。

スマホを購入してくれた祖母との間で、「スマホ貸与契約書」を結ぶよう指導したことも、「約束事の不遵守＝契約解除」という「責任」を自覚させる良い機会になりました。

「自己責任」について学ぶことができたことは、Ａ男の将来を明るく灯してくれるものと信じます。

事例報告者の筆致からは、Ａ男への温かな眼差しと同時に、「危うさ」への不安感が窺えますが、家庭と学校がスクラムを組み、「３Ｒ」の考え方を基盤とした協働が功を奏していることは確かです。

Case5

集団暴行から生徒を守る（中学生）

〈事例〉

1　集団暴行事件

被害生徒は中学２年生のＦ男。加害生徒はＡ男を中心とする中学３年生の男子Ａ男、Ｂ男、Ｃ男、Ｄ男、Ｅ男の５人の非行グループ。ある日、Ｄ男が生徒指導担当教諭に「２年生のＦ男が３年から、いじめられている」と話しました。内容を確認すると以下のことが分かりました。

Ｆ男はＡ男をリーダー格とする５名に放課後、体育館裏に呼び出された。そしてＡ男、Ｂ男、Ｃ男の３名から「俺たちを見て、ガンをつけた（にらんだ）だろう」「見ているだけでむかつく」と一方的にののしられた。次いで、Ａ男がＦ男の顔面や腹部を数発殴り、続いてＢ男、Ｃ男が１、２発腹部を殴った。Ｆ男に土下座をさせて、「先生に言ったら、殺すぞ」とＡ男が怒鳴って終了した。Ｄ男、Ｅ男は見張り役になり暴力は一度も振るわなかった。

2　難航した加害者指導

生徒指導担当教諭は、すぐに担任教諭に連絡し、放課後Ｆ男に、複数の教師で確認すると、暴行された事実を認めました。その日の夜に担任教諭と生徒指導担当教諭が家庭訪問をして、両親、Ｆ男の前で、担任教諭が、数日間にわたって起きた事実を伝え謝罪しました。父親は、怒りを抑えながら「学校で起きたことなので、学校の先生方で加害生徒を指導して、その結果を正確に教えてほしい」と訴えました。

翌日、朝からA男、B男、C男を個々に別室に分けて指導を試みようとしましたが、3名の生徒は、「お前らには関係ない」「2年の味方をするな」とひどく興奮して、指導しようとした教師に激しく文句を言って詰め寄りました。結果的に、別室への移動や教師との冷静な話合いが全くできない状態の中で3名の生徒は、「絶対にF男をブッ飛ばす」と悪態をついて帰宅していきました。この状況を生徒指導担当教諭と担任教師が家庭訪問して両親とF男に伝え、学校の指導の限界とF男の身の安全を心配していることを説明し、警察へ被害届を出すことを勧めました。

3　被害届の提出・家庭裁判所送致

F男の両親は学校の責任を追及するものと思われたが、逆に加害生徒の状態を知って学校の説明に納得しました。F男の両親から「このような子供同士の暴力事件で警察に被害届を出した家庭はありますか？」と質問がありました。生徒指導担当教諭は、今まで学校内で起きた問題で被害届を出したケースや、被害届は学校が出すものではなく、被害者や被害者の保護者の最終判断で出すことなどを説明しました。その場で、両親は被害届を出す決断をし、翌日、F男は警察に被害届を出しました。

すぐに、A男、B男、C男は警察署に呼び出しを受けましたが、警察からの呼び出しを拒否しようとしました。生徒指導担当教諭が説得し、3人は渋々納得し、生徒指導担当教諭とともに警察署へ向かいました。

警察署での事情聴取で、A男、B男、C男は事実を認め「二度とF男に暴力は振るわない」と警察官に反省の言葉を述べました。翌日、リーダー格のA男が面談を求めてきました。完全に納得しているわけではないが「反省している」「やり過ぎた」等、反省の言葉が聞かれました。

被害生徒の両親とF男は、学校が仲立ちした謝罪の会を拒否し、加害生徒側に対して、「再度、F男に対して暴行事件を起こした場合には、再度被害届を出し慰謝料を請求する」と伝えるよう要求しました。

事件は家庭裁判所に送致され、家庭裁判所調査官からも警察と同様の指導を受けました。審判の結果は「不処分」でした。その後、F男と加害生徒は二度と接触することなく、F男は安心して学校生活を送り、A男、B男、C男は中学校を卒業していきました。

指導の振り返り

① 文部科学省の通知から見る警察との連携

児童生徒の問題行動への対応として、学校と警察との連携の重要性について、文部科学省は通知等で繰り返し強調してきました。

文部科学省（2023）は、「いじめ問題への的確な対応に向けた警察との連携等の徹底について（通知）」を各都道府県教育委員会教育長、各都道府県知事、各指定都市長等に通知しています。その中で各学校及び学校の設置者に対して、次のように指摘しています。

> 一部のケースでは、学校及び学校の設置者が法律に基づいた対応を徹底しておらず、被害を受けた児童生徒がいじめを苦に自殺する等最悪のケースを招いた事案も発生しています。

そして、学校だけでは対応しきれない場合や、生徒指導の範囲内と捉えて学校で対応し、警察に相談・通報することをためらっていると指摘されている現状を鑑み、次のように下線を引いて強調しています。

> 児童生徒の命や安全を守ることを最優先に、こうした考え方を改め、犯罪行為として取り扱われるべきいじめなどは、直ちに警察に相談・通報を行い、適切な援助を求めなければなりません。

❷ 生徒指導担当に求められていること

私たち教職員は、日常生活の中での犯罪行為についての意識と知識を持ち合わせることが必要です。

前述の文部科学省通知の添付資料1「警察に相談又は通報すべきいじめの事例」では、犯罪行為として取り扱われるべきと認められる事案や重大ないじめ事案として警察への相談又は通報すべき具体例を参考として示しています。

例えば、事例として「ゲームや悪ふざけと称して、繰り返し同級生を殴ったり、蹴ったりする」のは暴行、「度胸試しやゲームと称して、無理やり危険な行為や苦痛に感じる行為をさせる」のは強要、「本人の裸などが写った写真・動画をインターネット上で拡散すると脅す」のは脅迫など、事例を挙げ「傷害」「児童買春、児童ポルノに係る行為等の規則及び処罰並びに児童の保護等に関する法律第7条違反」などの犯罪を示しています。

教職員が法律の専門家までいかなくても、どのような行為が犯罪行為に該当するかの知識がないと、問題行動を見逃し適切な指導を行えません。児童生徒の反省を促して規範意識を養うためにも、法律に則った措置を執ることが重要です。そして何よりも被害に遭っている人を助けなければなりません。

❸ 加害生徒の集団心理について

生徒が集団化すると「グループシンク」という現象が起きます。「グループシンク」について、杉森（2009）は、「グループシンク（集団思考、集団浅慮、集団的愚行などとも訳される）は、意思決定のクオリティが、個人で判断するよりも低下する現象を指している」と述べています。

学校現場で発生する生徒の群集、すなわち加害生徒の集団では、「対象生徒をみんなで懲らしめてやろう、いじめよう」という意思決定され、

「グループシンク（集団的愚行）」が行われます。その結果、次のような状況に陥ってしまうのです。

①別の選択肢（先生に相談をする、被害生徒と話合いをして解決する）を十分に検討しない。
②目標（被害生徒をいじる、いじめる、暴力をふるうことは誤った行為であると認識すること）を詳しく検討しない。
③選択しようとしている選択肢の問題点（一方的な暴言、暴力は許されない）を十分に検討しない。
④一度却下された代替案（いじめはよくないから止めよう）は、顧みられなくなる。
⑤十分に情報（の信憑性）を探そうとしない。
⑥手元の情報から都合のよいもの（以前も嘘をついた、にらんでいないのにガンをつけた）ばかりを取り出す。
⑦非常事態（学校に来られなくなる、自殺をする）を想定せず、したとしてもそれへの対応計画を立てることができなくなってしまう。

本事例では、A男、B男、C男を個々に別室に分けて指導を行おうとしましたが、3名の生徒は「お前らには関係ない」などとひどく興奮して、指導しようとした教師に激しく文句を言って詰め寄ってきました。別室への移動や教師との冷静な話合いが全くできない状態の中で3名の生徒は「絶対にF男をブッ飛ばす」などの悪態をついたのです。

この状態では、自分たちの行為を省みることができず、自分たちの言動によって、被害生徒が心身ともに大きなダメージを受ける、学校に来られなくなる、自殺をするなどの最悪な事態になることを想定できるはずがありません。

集団化した状態は、まわりの生徒、生徒の保護者、教師の一般常識では理解できません。複数の生徒が集まって行う行為が、被害生徒を死に追い込むほどのパワーをもつ危険で異常な状態になることは、過去のいじめ事案を見ても明らかです。

教師は、集団化した加害生徒の心理状態を把握して加害生徒を正常な心理状態へと導き、加害生徒が言動を改めることによって被害生徒を助けることができるような策を考える必要があります。その時、心に留めておくことは、この危険な状態を打破するには教師の指導力だけでは不可能なことが多いということです。それ故、「警察が介入しないと止まらないこともある」ということを教師や保護者は理解することが重要です。

＊杉森信吉（2009）「グループシンク」日本社会心理学会編『社会心理学辞典』丸善

課題解決に導く基礎知識

1　効果的な「警察との連携」

本事例は、生徒指導担当教諭が被害生徒の保護者に、警察への被害届を提出することを勧めたことで、被害生徒だけでなく、加害生徒も「大きな問題を起こさずに中学校を卒業した」という、「警察との連携」が功を奏した好例です。

「青少年非行防止に関する学校と警察の連絡の強化について」と題する文部科学省通知が出されたのは、昭和38（1963）年のことです。以来、幾度も同趣旨の通知が発出されています。にもかかわらず、半世紀を経た今尚警察との連携に批判的な声が聞かれます。

安易に学校の「限界論」を振りかざすことは言語道断ですが、生命さえ奪うおそれがある「法的限界」、児童生徒や教職員等の安全を脅かす「安全保持の限界」、そして何よりも本人の立ち直りを阻む「本人の利益保護の限界」に対しては、警察等の専門機関との「豊かな連携」が重要です。

2　警察と連携した「いじめ」対応

いじめ防止対策推進法第23条第6項では、「いじめが犯罪行為として取り扱われるべきものであると認めるときは所轄警察署と連携」して対処すること、及び児童生徒に重大な被害が予測されるときは、警察に通報し援助を求めることを、学校の法的義務としています。

文部科学省は令和5（2023）年3月、「いじめ問題への的確な対応に向けた警察との連携等の徹底について（通知）」に、「警察に相談又は通報すべきいじめの事例」を添え、児童生徒の命・安全を最優先した取組を求めています。

学校は、自校のいじめ防止基本方針に基づき、未然防止・早期発見・適正対処に努めなければなりません。その際、「児童生徒の生命・安全」を守り抜くことを常に念頭に置き、警察等との連携や保護者との協働等を進める必要があります。

3 「警察との連携」の判断基準

「いじめ防止基本方針」には、警察との連携を判断する基準として、①学校の指導が十分効果を上げることが困難、②犯罪行為として取り扱う必要が認められる、という 2 点を示しています。この基準を満たした場合には、「いじめられる児童生徒を徹底して守り通すという観点から、ためらうことなく所轄警察と相談して対応する」よう定めています。

本事例では、加害生徒は教師の指導に対して「激しく文句を言って詰め寄ってきた」ことから①の条件を、暴行した上に「先生に言ったら殺すぞ」と脅迫しているので②の条件を、それぞれ満たしています。被害生徒の保護者に、学校の指導の限界と被害生徒の安全保持について説明し、被害届の提出を提案したことに誤りはなかったと判断されます。

なお、「犯罪行為として取り扱う必要のある」言動については、表 1「警察に相談又は通報すべきいじめの事例」を参照してください。

4 集団での犯罪行為

事例提供者は指導の留意点について、「加害生徒の集団心理について」という節を起こし、「グループシンク（集団的愚行）」について詳説しています。これは、暴走行為やリンチ事件等の集団非行を検討する際に見過ごしてはならない視点です。

いじめが主因とみられる自死事案や仕返し事件でもしばしば指摘されています。無理矢理仲間に引き込まれて「いじめの標的」にされるグループ内いじめは、多くの研究者がその共通性を指摘し、「強制加入型」「拘束型」「飼育型」「包摂型」等と命名してきました。

しかし、学校においては、その特性や対処法について、理解が十分進んでいるとは言えない状況です。集団化した加害者に「グループシンク」が生じた場合、「危険な状態を打破するには教師の指導力だけでは不可能なことが多い」という筆者の指摘を心に深く留めおく必要があります。

表１　警察に相談又は通報すべきいじめの事例

「いじめ」の具体例（態様）	法律名（罪名）
ぶつかられたり、叩かれたり、蹴られたりする。	刑法208条（暴行）
突き飛ばされたり、叩かれたりしてケガをする。	刑法204条（傷害）
上履きや文房具などを隠されたり、壊される。	刑法261条（器物損壊）
お金を盗まれたり、物をお金に換えられたりする。	刑法235条（窃盗）
脅されてお金をとられたり、物を買わせられる。	刑法249条（恐喝）
無理矢理嫌なこと・恥ずかしいこと等をさせられる。	刑法223条（強要）
「ばい菌」などと、悪口や嫌なことを言われる。	刑法231条（侮辱）
公然と実名を挙げて容貌等を誹謗・中傷される。	刑法230条（名誉毀損）
裸が写った写真を拡散するなどと脅される。	刑法222条（脅迫）
脅されて性器や胸・尻等を触られる。	刑法176条（強制わいせつ）
「死ね」とそそのかれ、自殺に至った。	刑法202条（自殺関与）
自身の性器や下着姿の写真・動画を撮影してスマホで送らされる。	児童買春、児童ポルノに係る行為の規制及び処罰に関する法律７条（児童ポルノ提供等）
別れた腹いせから、元交際相手に性的写真等をネット上に公表される。	私事性的画像記録提供（リベンジポルノ）
盗撮、痴漢行為、つきまとい行為等を受ける。	迷惑防止条例（盗撮等）

文部科学省通知（令和５年２月７日）別添資料を基に作成

引用文献

瀬田川聡（2015）『ためらわない警察連携が生徒を守る』学事出版

Case6

母親の溺愛がまねく非行（中学生）

●●●●●●●●●●●●●●●●●●

〈事例〉

1　万引きが常習化したA子

中2のA子は、母親と高3の兄との3人暮らしです。父親は3年前に母と離婚しています。A子は小学生の頃から級友の文房具等を盗み取ることが多く、何度も問題となりました。しかし、その都度母親が文房具等にA子の名前を書き込むなどして、加害を偽装した上、被害を訴えた児童の家に「犯人扱いしたことは許せない」などと怒鳴り込むことが度々ありました。

A子は友人が少なく、一人で街に出かけることがありました。店舗を巡りながら、少額の小物の万引きを何度も繰り返すようになり、通報を受けた警察に数回補導されました。この時も、A子及び母親は万引きの事実を認めず、現物を示されても「たまたま、落ちていたのを拾った」との主張を繰り返していました。母親はA子が万引きをした店舗を訪れて、「嘘つき店！娘を犯罪者にした○○（店名）を地獄に落とす」などと大声で叫ぶことがあり、110番通報により、警察で事情を聞かれることもありました。

2　いじめの被害を訴える母親

A子は中学に入学すると、軟式テニス部に入部しました。最初の「事件」が起こったのは、正式入部の手続きがとられていない時でした。練習前のコート整備や練習後の後片付けは新入生の役割でしたが、Ａ子はそれを全く行おうとしなかったため、部長・副部長から叱られました。
　その様子を塀の外から見ていた母親がその場に駆け付け、部長・副部長に罵詈雑言を浴びせたのです。知らせを受けた顧問が割って入ったのですが、今度は顧問に対し「指導方法が間違っている」などと非難の言葉を続けると、部長・副部長にＡ子に謝罪させるよう迫りました。
　その場は、顧問が「部長・副部長を指導する」と約束したことで収まりましたが、この様子を目の当たりにしたＡ子と同じクラスのＢ子・Ｃ子・Ｄ子は、それまでもＡ子の身勝手な言動を快く思っていなかったこともあり、Ａ子とは「距離」を取るようになっていきました。
　学級での「事件」はそれから数日後に発生しました。お気に入りのキーホルダーが紛失したと、母親からの申し出により、クラス全員の持ち物検査が行われるとともに、被害届を受けた警察による教室内の実況

見分が行われました。

母親は、「学級や部活動でＡ子がいじめられている」と主張し、市教育委員会に「重大事態」として調査するよう申し入れました。

3　いじめ調査と「被害者」の拡大

教育委員会は「保護者からの申入れ」を理由に、Ａ子へのいじめを重大事態と認定し、学校主体で調査を進めると決定しました。いじめ対策委員会のメンバーに、大学教授と臨床心理の専門家を外部委員に加えた調査委員会は早速アンケート調査や聴き取り調査に着手しました。

加害者として名指しされたのが学級・部活動が同じＢ子でした。Ｂ子は母親との死別・父の再婚を経験したばかりでしたが、明朗闊達な性格に変化はなく、周囲の人望が厚い生徒でした。しかし、Ａ子いじめの「首謀者」とされ、Ａ子の母親が自宅までやってきて隣近所に聞こえる大声で詰られる日々に恐怖さえ感じるようになりました。

教職員が最も困ったのは、Ａ子の母親がアポイントなしに来校し、通常でも２～３時間（最長は10時間）激しい口調で学校批判を繰り返すことでした。顧問や担任の自宅への夜遅い電話も多かったため、徐々に疲弊していきました。

Ａ子は学校を休むようになりました。母親は「Ｂ子に睨まれるのが怖いため」とその理由を説明しましたが、母親に強制的に家に閉じ込められているのではないかとの疑念が高まっていきました。

指導の振り返り

❶ 支援チームの立ち上げ

母親の行動力には目を見張るものがありました。連日の学校・教育委員会への訪問・架電、A子が「いじめにより不登校となっている」との言質を得るための診断書の取得（「適応障害」の診断書が提出されました）、弁護士を介しての教育委員会、法務局、日本スポーツ振興センターとの交渉（災害給付金の受領）等。

教育委員会・学校が最も困ったのは、「知人」と言われる母親と同年代の男性の存在でした。母親と行動することが多く、時に脅迫まがいの言動もありました。

こうした中、学校ではいじめ対策委員会と同時進行で、生徒指導部を中心に「A子支援チーム」と称する組織の動きを活発化させる必要性に迫られました。生徒指導主事を中心に、学年主任、担任、養護教諭、テニス部顧問で編成されたチームは、真っ先にエコマップづくりに着手しました。

エコマップとは、「要介護者を中心として、その周辺にある社会資源（家族、関係機関等）との相関関係をネットワークとして表現した地図」のことですが、要介護者の支援に限らず、非行少年等の援助活動を考える際にも有効です。

当初のエコマップでは、A子の兄の部活動顧問であった生徒指導主事による「A子の家庭状況」についての情報収集、学年主任・顧問のB子支援、SL（スクールロイヤー）担当の法的対応が表記されました。

② 広がる連携・協働

いじめ重大事態の調査は、公平・中立に行われるものですが、母親は知人と共に、調査会への出席を強引に求めたり、聴取予定者に対し、「何をしゃべったかは筒抜けだから、発言には気をつけろ」と脅迫まがいの電話をかけたりしました。夜遅くまでの校長室での抗議行動では、不退去を繰り返したり、暴力行為寸前にまで至った行動もありました。このため、警察との連携を深め、犯罪行為に及んだら110番通報で対処することも確認しました。

B子宅への嫌がらせも頻発し、B子（リストカットが発覚）及びB子の母親（精神科通院）の精神的苦痛が明らかになり、B子にはSC（スクールカウンセラー）が、母親にはSSW（スクールソーシャルワーカー）が新たにかかわりを持つことになりました。

最も難航したのは、A子及び母親への対応でした。担任・生徒指導主事・養護教諭がA子との接触を何度も試みましたが、玄関前での呼びかけにも「不法侵入だ」などと訴えられ、民生児童委員等の地域の協力者の働きかけにも全く応じませんでした。

母親については、地域の精神保健を担う保健所の協力が得られる可能性を追求することになりました。

③ 家庭環境の改善

学校がA子への支援を計画的に実施していこうと決めたのは、小学校からの「申し送り」もあり、非行問題（盗癖傾向）への対処でした。それが「いじめ重大事態」へと変わり、今また新たな展開を見せ始めました。虐待問題としての対応です。

事の発端は、「A子支援チーム」が、教育委員会指導主事、SC、SSWを加えた拡大会議を開催した時に、「要保護児童対策地域協議会」の話題が出されたことです。保護者が子供を学校に行かせないことは明白な「教育ネグレクト」に当たるとの指摘です。

要保護児童対策地域協議会は、要保護児童（保護者のいない児童又は保護者に監護させることが不適当であると認められる児童）の適切な保護を図るための関係機関等により構成され、情報交換や支援内容の協議が行われます。参加者には守秘義務が課せられているので、Ａ子の母親に知られることなく、多様な専門機関が英知を結集して、Ａ子支援の方法を検討することができます。

この協議会での情報提供・援助要請により、事態は大きく動きました。相当の抵抗があったとは聞いていますが、児童相談所と保健所がＡ子の母親とのかかわりへの第一歩を踏み出すことができました。Ａ子の安全確認がとれた点では「大きな一歩」でした。

警察による「知人」へのはたらきかけも功を奏してきたのでしょう。母親と「知人」が行動を共にすることはめっきり減り、SL（スクールロイヤー）から「知人」への勧告・助言に耳を傾ける場面も次第に増えていきました。

④ 「いじめ問題」の終結

Ａ子は児童相談所に一時保護された後、家庭に戻り学校復帰を目指して「放課後登校」「保健室登校」等のステップを踏むことになりました。学習の遅れや友人関係の問題もあり、「もう安心」という太鼓判を押せるほどではありませんが、万引き等を繰り返していた頃のＡ子の姿を彷彿とさせることはなくなりました。

また、いじめの重大事態の調査は着実に進められ、Ａ子の理不尽さに腹を立てたＢ子・Ｃ子・Ｄ子が「Ａ子を転校させる署名」を行ったこと、部活動で３名がＡ子を避ける行動をとったこと、の２点がいじめと認定され、Ａ子及び母親に調査結果が伝えられました。

精神的に追い詰められた時期もあったＢ子・母親は、重大事態調査報告の結果を冷静に受け止め、「転校署名」の非を詫び、学業・部活の両立を誓ってくれました。

課題解決に導く基礎知識

1 「エコマップ」の効用

保護者の養育態度と非行問題、いじめの重大事態、保護者クレーム問題、校内チームと外部連携と、多くの検討課題を含んだ事例ですが、やはり中心課題は「エコマップ」（75頁参照）に集約できるでしょう。

「エコマップ」とは、事例の中に定義が紹介されているように、対応が必要な人物を中心に、家族、友人、支援者、関係機関等がどのようにはたらきかけや連携・協働を行なっているかが一目で分かるように図で表したものです。

これを作成することによって、①事例解決に向けたキーパーソン（鍵を握る人物）、②支援等が必要であるにもかかわらず、何もされていない人物・機関、③誤ったはたらきかけ、④活用されていないリソース（資源）等が明らかになります。

例えば、生徒指導主事からＡ子の兄に矢印が出ていますが、これは、兄が中学校在籍中、生徒指導主事が顧問を務めるバスケットボール部で活躍し、今なお交流が続いているということから、Ａ子の家庭状況を知るためのリソースとしたことになります。

エコマップ作成の第一段階では、登場人物・機関はこのようにして決定されます。これを基に修正を重ねることにより、より有効な資源の活用や、人物・機関等同士の連携を整えていくことができます。

2 「エコマップ」の訂正・追加

本事例でも一部報告されていますが、問題の状況によってエコマップを修正していく必要があります。

犯罪行為が予測されるために「警察」を、精神的動揺が激しくなった

B子及び母親に対応するためにSC・SSWを依頼したのは、その例です。

この事例が大きく動いたのは、「要保護児童対策地域協議会」がエコマップに加わってからのことでした。関係する機関等も一気に増えた様子がエコマップから読み取れます。「1枚の図から、問題解決に向けたあらゆる方策を理解することができる」。これがエコマップの最大の利点と言えます。

3　非行問題と保護者

本事例では、母親の溺愛の姿勢がA子の成長に影響を与えたことが推認されます。このような背景には母親自身の生い立ちが関係していることが多々見られますが、非行問題への対処に当たっては、児童生徒への「最善の利益の保障」を目指すことが大切です。

関係機関等からのA子への支援は、残念なことに「適時性」に問題がありますが、エコマップからは、学校、病院、児童相談所とのつながりが読み取れますので、三者が緊密に連絡を取り合い、役割分担を明確にして取り組むことが期待されます。

4　いじめ問題の問題点

本事例では、非行傾向のあるA子が「いじめ」問題では「被害者」となっています。しかも「重大事態の被害者」です。「いじめの重大事態の調査に関するガイドライン」では、被害児童生徒や保護者から、重大事態被害の申立てがあった場合、「重大事態が発生したものとして報告・調査等に当たること」と定められていますので、手続き上の問題はありませんが、「非行問題」が捨象されてしまったのでは、A子の真の「最善の利益」には繋がりません。

幅広い論議が求められます。

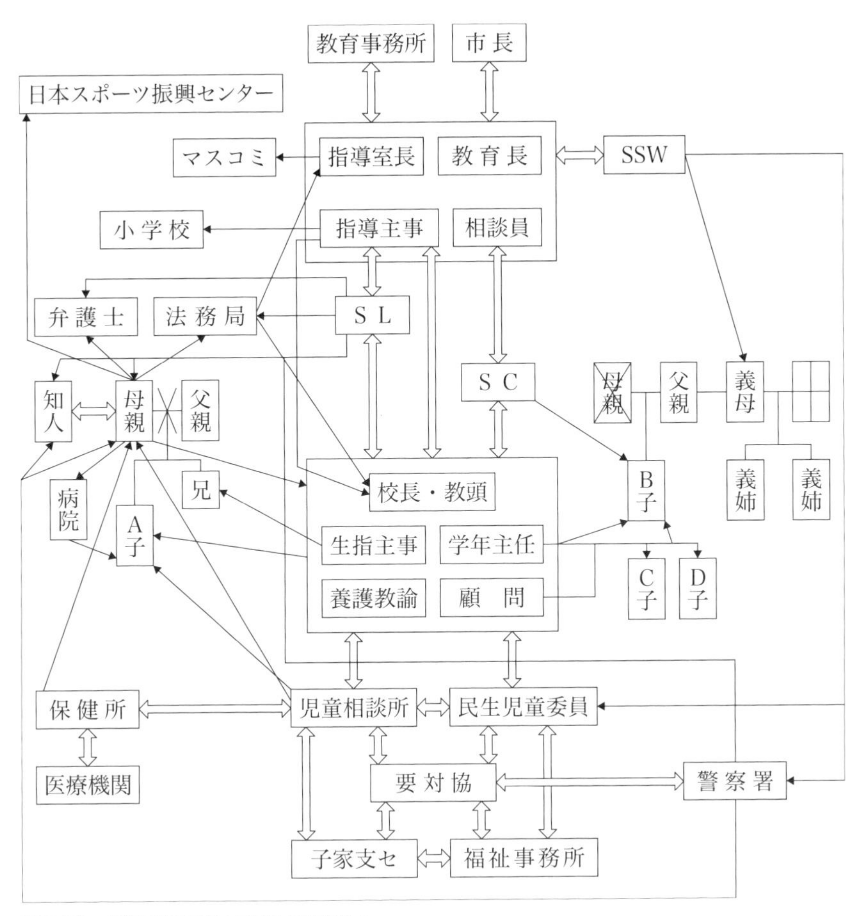

要対協＝要保護児童対策地域協議会
子家支セ＝子供家庭支援センター
＊　→（助言・支援）
⇔（連携・協働）

図5　エコマップ

Chapter 2

性非行

Case7

ウェブ上の誘惑
（中学生）

〈事例〉

1　小学生のときから登校しぶり

小学校の３年生の時に、父親が亡くなり、祖母と曾祖母が暮らす、母親の実家に移り住んだ頃から登校しぶりが始まったＡ男は、小学校の学習が身に付いていないまま、中学校に入学しました。

中学校では、１学期中は、通常学級では、学級担任であるＢ教諭（30代男性）のもと、楽しそうに毎日登校していました。

また、国語と数学の時間は、通級指導担当のＣ教諭（40代男性）と別室で学習していました。Ｃ教諭はＡ男が興味のあるアニメやアイドルについての情報をよく調べてきたので、毎日、張り切って通うようになりました。

６月になると、国語と数学以外の教科も授業についていけなくなり、７月には、別室の時間のみ登校するようになりました。２学期半ば頃から、Ｃ教諭の体調がすぐれず他の職員が対応しましたが、Ｃ教諭に慣れていたＡ男は、休むことが増えていきました。

母親も体調不良で休職することになり、学校納付金も３ヶ月ほど滞り、電話料金滞納のため、電話も止められ、家庭訪問以外は連絡がとれなくなりました。

Ｂ教諭は、頻繁に家庭訪問して声をかけ続けましたが、コロナ禍の影響もあり（家族の発熱）、Ａ男は数週間に及んで欠席しなければならない状況に陥ってしまいました。それでも、B教諭はあきらめずに、A男・母親との関係を切らさないよう、週に1回は家庭訪問を繰り返しました。

12月下旬に、A男の母親が突然滞っていたお金を支払うために来校しました。私（教頭）は良い機会だと思い、母親を相談室に通し、授業中だったB教諭に代わって学年主任も呼んで、3人で話をすることにしました。

A男の家庭での様子を聞くと、家の手伝いもしてくれ、祖母とは関係がよくないが（母も）、曾祖母とは特に仲が良く、最近はスマホを買ってほしいとねだっているということでした。帰り際に、「実は年下の人と結婚するかもしれない」と話し、「A男もなついていて、母親に相談できないことも話している」と教えてくれました。

2　念願のスマホを手に入れる

お正月に、A男は曾祖母にスマホを買ってもらい、1日中、スマホをいじっていました。ゲームにはすぐに飽きて、SNSで知り合った「ネット上の友人」との会話を楽しむようになりました。A男には放課後一緒に遊ぶ特に親しい友人はいませんでした。どこへ行くにも母親と一緒でした。母親が教えてくれなかったような社会のいろいろなことや、思春期の悩みごと等を「ネット上の友人」と会話をしながら吸収していきました。

ある日、A男は祖母とけんかをして、ネット上で調べた「ここから歩いて移動すると1週間で東京に着く」という情報を信じて、家族が寝静まった深夜に自宅を出ました。途中の山奥で、不審に思ったトラック運転手の通報により警察に保護され、翌日の朝には自宅に帰されました。

3　「ウェブ上の友人」を求めて

2年生になると、C教諭の体調も少し回復したので、A男は別室に週に1回程度は出席するようになりました。1年生のときとは雰囲気が変わり、女性教師にベタベタと寄ってきて、しつこく話しかけるようになっていきました。

また、ネット上で知り合った他校の不良グループの男子数名とも付き合いだし、外泊し、母親はその度に探し回って、A男とけんかをして連れ戻す、ということを繰り返していました。

6月になり、A男は関東方面への家出を計画し、4月にネット上で知り合った同い年のD子の家を目指して、新幹線で向かいました。所持金は曾祖母と母親の財布から数回に分けて持ち出した現金と、これまで貯めたお年玉などと併せ、10万円余りでした。

前年度に知り合った「ネット上の友人」の中でも、7つ年上の男性E

男からアドバイスを受けていて、新幹線の乗り方や母親には連絡をとらないようにした方がいいなど、そのとおりに実行しました。Ｅ男を心酔しているようでした。
　Ｅ男は途中、Ａ男が地元にいるかのような撹乱させるメールをＡ男の母親に送り、「好きにさせてやればいい」とも書いていました。
　Ａ男はスマホを駆使し、自力でＤ子の自宅にたどり着き、これまで裸の写真を送ってきていた憧れのＤ子の実物と出会い、アクセサリー等をプレゼントし、日中Ｄ子の親が不在時は、Ｄ子の自宅で性行為に及び、夜は近くの公園に野宿するということを続け、１週間後にＤ子の母親に見つかり、警察に通報されました。

指導の振り返り

❶ 不登校気味になってきたＡ男へのサポート

１学年職員とＣ教諭、養護教諭と管理職とで、ケース会議を開き、まずは現状維持を継続していくことと、Ａ男について、Ｂ教諭とＣ教諭が細かに情報交換すること、Ｂ教諭は、Ａ男と母親と週に１回は顔を合わせることを確認しました。

Ｂ教諭（不在時はＣ教諭か学年主任か教頭）は、Ａ男の母親が迎えに来る時間が空き時間のときは、必ず玄関の外まで出て行き、母親と少し雑談をしてから、Ａ男と母親に手を振り、温かく見送っていました。このことは、最後までＡ男が学校との関係が途切れないということにつながったと思います。

❷ おかしいなと思ったらその日のうちに「捜索願」

Ａ男の１回目の家出は、翌朝、母親が警察署に迎えに行った後に学校に連絡をくれたことで発覚しました。翌日、Ａ男と母親に来校してもらい、Ｂ教諭、学年主任、母親でまずはＡ男から事の経緯を聞き、その後、Ｂ教諭がＡ男と、学年主任が母親と分かれて話をしました。

Ａ男から家出に至った理由等を聞いたところ、「祖母によく小言を言われるのが嫌だった」と答えたので、その点への理解を示しながらも、「家族も教員も心配でたまらなかった」という気持ちを強く伝え、大事にしている母親にきちんと謝るよう話しました。また、ネット上の情報はすべてが正しいわけではないので、全部信じ込むのは危険だということも伝えました。

母親には、家出の連絡には感謝を示し、こういうときは、その日のうちに警察に捜索願を届けることが大事だと伝えました。母親は、「祖母が欠席についてうるさく言うので、いい関係ではなかった」「祖母にも、Ａ男のこれからのことについてじっくり話してみる」と話してくれました。その後、二人を同じ部屋に入れ、思っていることを伝え合うよう、促しました。その日は、二人とも笑顔が戻って帰りました。

③ Ａ男の「心の居場所」探し

Ａ男がＤ子に会いに家出をしたのは、朝早くで、その日の夜までＡ男と全く連絡がとれなかったため、母親は捜索願を出すとともに、学校にも電話連絡をくれました。教頭の指示でＡ男宅に急行した学年主任と担任は、交番の警察官と一緒に事情を確認しました。生徒指導主事と教頭は学校で連絡待ちの待機をすることにしました。母親からの電話が来た時点で、すぐに校長も学校にかけつけ、教育委員会にも報告しましたが、その日は進展がありませんでした。

Ａ男とは３日間全く連絡がとれず、その間、Ａ男が外泊したことのある他校の友人宅や別室登校の生徒に聞きました。母親もあちこちに連絡をしていました。４日目にやっと、Ｅ男と名乗る人から母親宛に「地元にいるから、そっとしておいてほしい」というメールが届きました。５日目に母親のメールにＡ男から簡単な返信がありましたが、どこにいるのと聞いても返信はありませんでした。

７日目に、関東方面の警察署からＡ男を保護したとの連絡が入り、一安心しましたが、「母親に虐待されているから自宅には帰りたくない」と言っているので、「地元の児童相談所に連れて行く」という連絡でした。しかし、Ａ男の嘘が分かり、警察での指導後、Ａ男は帰宅しました。

翌日、Ａ男と母親に来校してもらい、前回と同様の手順で話を聞き、最後に校長・教頭からも話をすることにしました。多くの人を心配させたり迷惑かけたこと、お金をだまってとっていたことについて本気で叱りました。Ａ男も母親も声を失い、泣いていました。

その後、ケース会議を開きました（管理職、生徒指導主事、学年主任、Ｂ教諭、Ｃ教諭、養護教諭、スクールカウンセラー）。警察と児童相談所からも継続的な面談の提案があったので、お願いしました。学校としては、まずはＣ教諭との通級指導を毎日継続し、その先には、学級のどの時間から入っていくことにするかＡ男と相談して決めました。Ｂ教諭には、Ａ男が自分も学級の一員だと感じられるような取組を考えてもらうことにしました。また、養護教諭やスクールカウンセラーには、身近な人への相談の仕方について学ぶ計画を考えてもらいました。母親に関しては、管理職等に子育てについて相談してみること、祖母に関しては、町内にいる祖母より少し年上の民生児童委員にさりげなく、通りがかりに寄ったふりをして話しかけてもらうのはどうかと母親に提案しました。いずれの実践も、残り１年半をかけて、少しずつゆっくりと取り組んでいきました。

３年生になり、クラスメートからも声をかけられることが増え、修学旅行にもみんなと一緒に行くことができると、後半からはＡ男も受験勉強にも目覚めて勉強にも手をつけていったため、自分の進路を見つけて卒業することができました。その後は、家出は一度もなく、ネット上の人とは次第に疎遠になり、無事に卒業できました。

課題解決に導く基礎知識

1　「働き方改革」と生徒指導

「働き方改革」に関する中央教育審議会答申（2019年１月）では、学校・教師が担う業務が整理され、児童生徒が補導された時の対応は「基本的には学校以外が担うべき業務」に、支援が必要な児童生徒・家庭への対応は「教師の業務だが負担軽減が可能な業務」に分類されました。

しかし実際には、学校・教師の献身的な努力が続けられています。本事例でも、Ａ男の２度目の家出の際には、学年主任・担任が家庭訪問、教頭・学年主任は学校待機、校長も駆けつけています。その後の指導でも、ケース会議の開催や関係機関・者との連携を図りながらの「チーム対応」に徹しています。

家庭への支援も濃やかです。担任は週１回家庭訪問を行い「Ａ男、母親との関係を切らさない」よう努め、管理職が母親の相談に応じるとともに、民生児童委員へのはたらきかけを提案するなど、支援を必要とするポイントを押さえた取組が実施されています。

このような実態を考えると、「教師の業務ではない」と軽々に切り離すことが如何に困難であるかがわかります。家出問題では、深夜まで対応することが多く、教師の心身の疲弊は明白です。では誰がその業務を担うのでしょうか。本事例で、学校・教師が何の動きも見せなかったらどうなっていたでしょうか。「働き方改革」の推進はもちろん重要です。しかし、生徒指導上の問題解決に当たっては、教職員を外すことができない場面が多々あります。人的・財政的援助を手厚くする等、「働き方改革」の実効性ある施策が望まれます。

2 「個に応じた」生徒指導

Ａ男は、「保護者の正当な監督に服さない」ことから、「虞（ぐ）犯少年」として補導の対象となりえます（犯罪を犯した場合は、「触法少年」又は「犯罪少年」）。また、家出、無断外泊、不純異性交遊等の行為を考えると「不良行為少年」として指導を受けなければなりません。

しかし、「自分の進路を見つけ、無事卒業」に漕ぎ着けました。素晴らしいことです。この成果をもたらした要因は多方面から検証することができますが、ここでは、Ａ男の特性・成育環境等を見据えた、学校関係者の一丸となった指導体制を筆頭に挙げたいと思います。

第一に、父との死別、母・祖母・曾祖母の同居と三者の人間関係、母の再婚話等、複雑な「大人社会の波」の間で揺れ動くＡ男に対する、学校職員の「温かな眼差し」を感じ取ることができます。家庭訪問を「あきらめることなく」繰り返したＢ教諭、Ａ男の興味に寄り添ったＣ教諭、時に「父性」を示した管理職などの姿からは、Ａ男のことを心から案じる様子が手に取るよう分かります。

第二に、教職員が関係機関等も含め「協働して」Ａ男支援に向かっていることです。校内でのケース会議では、メンバーが自分の役割とその意義について十分理解した上で、指導方針が決められていった様子が窺えます。その結果、各自が「何ができるか、何をすべきか」を常に念頭に置いた取組を遂行できたものと思われます。

このような「個に応じた」生徒指導を展開するには、児童生徒一人ひとりの個別理解が大切です。学校は、教員がアセスメント力を身に付け、個々の特性に応じたはたらきかけができるよう努める必要があります。それと共に、個々の教職員がもつリソース（資源、得意とすること）を把握し、それを適確にマネジメントできる管理職や生徒指導主事の存在が求められます。

3　SNS 問題の激増と生徒指導

本事例の考察では、「ネット上の友人」がキーワードとなっています。A 男の「つまずき」のきっかけとなったのは、「ネットで知り合った他校の不良グループ」との付き合いでした。最初の家出は、「これまで裸の写真を送ってくれた」D 子に会うためでした。家出に深く関与した 7 歳年上の男性もネットを通じた「知人」でした。

健康被害や習癖の弊害が問題となっているスマートフォンの普及は目覚ましく、「令和 3 年度『家庭における青少年のスマートフォン等の利用等に関する調査』」（東京都）によると、所持率は小学生32%、中学生80%、高校生95%でした。このうち、「知らない人とのやり取り」の経験者は約20%でした。

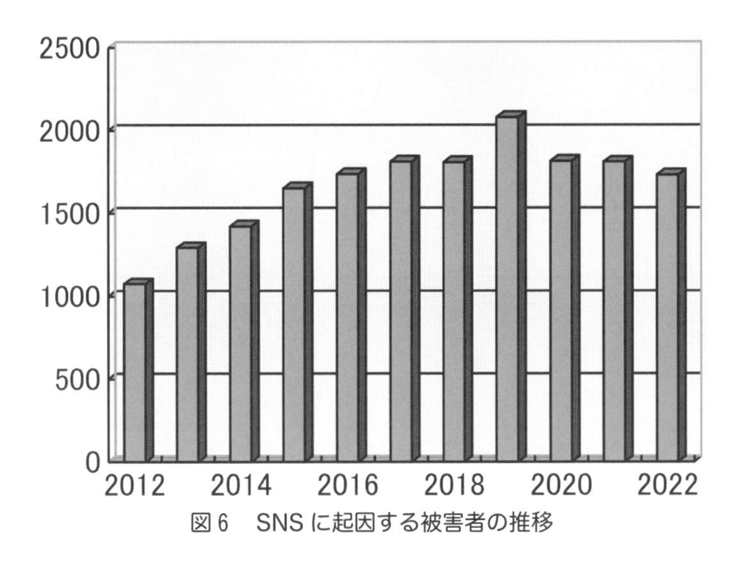

図 6　SNS に起因する被害者の推移

スマートフォンには多くの機能があり有益な使用が可能ですが、一方で、図 6 にあるように、SNS が関係する事件の被害者となる事件も多々生じています。

中でも「児童ポルノ事案」における被害者数は、統計を取り始めた10年前の倍に達しています（図７）。

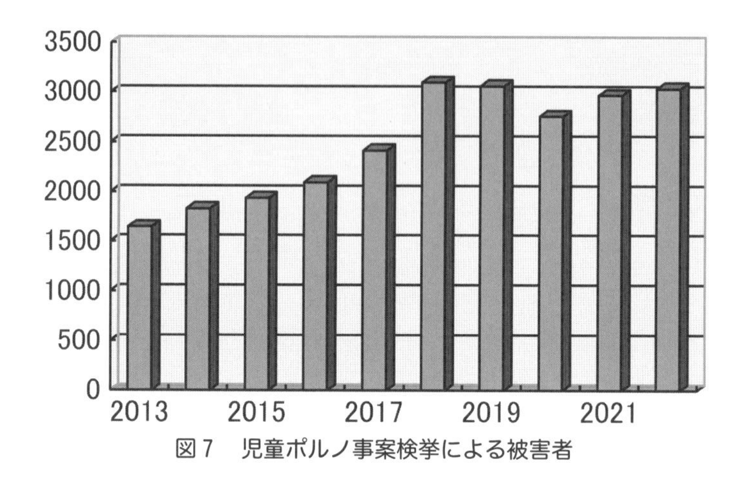

図７　児童ポルノ事案検挙による被害者

世間を震撼させた「座間事件」では、９名の尊い命が奪われましたが、青少年がこのような事件に巻き込まれる危険性は、今後ますます高まることが懸念されています。

SNS に係る問題行動の増加に対処するため、生徒指導上の課題に位置付け、計画的・系統的な指導を充実させることが求められています。

Case8

性体験から「転落」の危機へ（中学生）

〈事例〉

1　ゴールデンウィークをきっかけに

中２のＡ子は見た目が多少不良っぽい感じでしたが、運動神経がよく、バスケットボール部の中心選手として活躍していました。同じ部活動の５人組は校内外でいつも行動を共にする仲良しグループで、次第に校内でも目立つグループになっていきました。

家庭では両親からとても大事にされ、10歳近く年の離れた妹の面倒をよくみていました。子供が好きで、将来は保育士になりたいという夢ももっていました。授業には真面目に参加していて、ノートもこまめにとるタイプでした。

中２のゴールデンウィークに、Ａ子たちのグループは、同じ学校の中２、中３の男子が混じったグループに花見に誘われ、10人で公園に集まりました。そのときに、飲酒・喫煙をしていた男子が数名いました。その後、Ａ子と最も仲の良いＢ子以外は、その集まりには行かなくなりましたが、最も不良っぽい中３のＣ男はＡ子に声をかけ始め、しばらくの間、Ａ子はＢ子を連れていき、３人で遊ぶようになりました。

2　束縛する性行為

夏の中体連の公式戦が終わると、Ａ子はＣ男と２人で会うようになり、

C男はA子の自宅にも遊びに行くようになりました。A子の母はC男を歓迎し、夕食を食べさせたり、帰りには、車でC男の家まで送っていったりと、毎回優しく迎えていました。A子は母にもC男との付き合いが認められていると感じ、二人の仲は急速に深まっていきました。

夏休みに入るとA子の部屋で性行為を繰り返すようになり、C男の友人宅に保護者がいない間に数人で集まり、A子とC男の入浴や性行為の様子を他の男子が覗き見をする会を開くなど、A子はC男の性欲に振り回されるようになっていきました。

それでも、A子はC男に嫌われたくないからと付き合いを続けていきました。A子は部活動も休みがちになり、友人との関係も疎遠になっていきました。

B子だけには、C男のことも時折相談していましたが、B子と約束をしていても、C男に呼び出されるとすぐにそちらに行ってしまう、という状況に陥っていました。B子も自分からはA子を誘うことがなくなっていきました。

夏休み中にA子宅を家庭訪問したときに、私が、A子とC男の付き合い方について心配していることを伝えました。

しかし、母親は
「両親がついているから大丈夫」
と言っていました。

3　そして、家出……

2学期が始まると、A子は髪を染め、授業中は机につっぷして寝ていることが多くなりました。帰宅時間も次第に遅くなり、父から叱られることが増えました。部活動にもほとんど参加せず、放課後は、C男の友人宅に入り浸っていました。

女子の友人もほとんど離れていきましたが、仲良しグループの仲間だったD子と久しぶりに会ったときに、C男との付き合いについて、
「やめた方がいいんじゃない？そろそろ中体連なんだけど､戻る気ないの？」
と言われ、そのときはA子も、
「わかっているんだけど……」
と答えていました。

９月に入ると、Ａ子が家出をして帰ってこないとＡ子の母から連絡が入り、母と相談し、警察に捜索願を出し、私もＡ子を探しに行きました。Ｃ男の友人宅で見つけたとき、Ａ子はＣ男の友人数名と一緒にいて、そこにはＣ男はいませんでした。

Ａ子を連れて帰る途中、Ａ子は座り込んで、泣き叫びました。

「やりたいときだけしか、連絡よこさないんだよ……もうやめようと思っても、呼ばれたら行ってしまう自分がもういやだ……」と。

翌日は欠席だったので、家庭訪問すると、無数のリストカットの痕を見せてくれました。母が一晩中、側にいてくれたということで、だいぶ落ち着いてはいました。

指導の振り返り

❶ A子、A子の母親との信頼関係づくり

A子は、私が学級担任になった当初から、気になる生徒だったので、特にコミュニケーションが必要だと感じ、生活ノートのコメントに返事を書きながら、いろいろ対話を続けました。外見は不良っぽく見えますが、話すと素直で、自分の気持ちもよく話してくれるようになりました。

A子の母親とは、迎えにきたときや、電話や家庭訪問時によく長話になり、母親との関係も良好になっていきました。A子が活躍している部活動の練習試合や春季大会にも、よく応援に来ました。

❷ 保護者に事実を伝える

夏の中体連が終わった頃から、C男との仲が急に深まっていると、B子から知らされた私（学級担任）は、学年主任に相談し、まずは学年会議でA子とC男の今後の指導について話し合いました。A子については、学級担任の私が、C男については、学年主任が中心となって関わっていくことに決め、まずは、本人たちと学校で個別に話をしました。

A子は今のままではいけないと思っていることを話してくれました。一方のC男は、「性行為なんかしていない。ただ普通に付き合っているだけだ」と話していました。A子については、私一人で家庭訪問に行き、母親と本人と話すということを、週1回続けました。信頼関係はできていたので、話はできるのですが、母親が楽観的に構えていて、危機感が全く感じられませんでした。

Ａ子の体のことも心配だったので、養護教諭にも時々相談していました。Ａ子自身も時々、保健室には行っていたので、養護教諭とは何でも話せる関係づくりはできていました。避妊もしていなかったようなので、「Ａ子が妊娠したら本人が困るだろう」と話しても、母親は「そうなったら、私が面倒をみるわ」と笑いながら言っていました。

一方、Ｃ男は父子家庭だったので、夏休み前に父親に学校に来てもらい、学年主任が男同士での話合いをしてくれました。父親は、仕事が忙しく、Ｃ男のことは、祖母に任せっきりになっていたということで、Ａ子とのことも知らず驚いた様子でしたが、「夏休みに入る前に、Ｃ男とゆっくり話し合ってみる」と言ってくれました。

③ チームで対応

家出事件の後、Ｃ男の友人宅が溜り場になっていたことが発覚し、学年もまたがっていたので、学年会議ではなく、校内ケース会議（管理職＋以下にあげる教師がメンバー）を開きました。関係生徒に対応する窓口担当を決め、まずは二人一組で考えた対応策をケース会議で検討し、対応することにしました。

Ａ子とＡ子の母親は学級担任と養護教諭、Ｃ男とＣ男の父親は学級担任（女性）と学年主任、Ｃ男の友人らとその保護者は各学級担任と生徒指導主事、Ｂ子とＢ子の保護者はＢ子の学級担任と私が担当とすることになりました。

２人ペアで担当となった教師が、それぞれの生徒から事情を聴き、それぞれの保護者とも個別に面談をした後、本人と保護者、担当教師の４人で今後気を付けていきたいことについて面談をしました。

Ｂ子とＣ男の友人には、Ａ子とＣ男の関係は他言しないよう約束しました。溜り場となっていた友人宅の保護者と遊びに行っていた生徒たちの保護者には、出かけるときの行き先の確認、遅くても７時には自宅に帰るよう声をかけ合うよう依頼しました。

A子については、心と体のケアをしながら、気持ちを安定させ、通常の生活リズムを取り戻せるようサポートしていくことになりました。A子の両親や部活動の顧問教師と相談し、B子とD子の力を借りて、目の前に迫っている秋の中体連に向けての部活動の練習に誘ってもらうことにしました。

C男については、受験も迫っているので、学級担任が放課後に個別に学習指導の時間を設け、少しずつそちらに向かわせるようにもっていくということにしました。

C男の父親は、「今度こそC男とゆっくり話し合って、もっと親として関わっていこうと思う」と話してくれました。

学校としても、今後は2週間に一度のペースで学年主任が父と面談し、C男のことについて相談していくことになりました。

④ 専門機関との連携

A子がリストカットをしていたことにショックを受けた母親は、初めて、本気で心配になってきたと相談にきたので、市の教育委員会に常駐の臨床心理士を紹介しました。

初回面談では、面談手続きまでは私も付き添いました。まだ動揺が大きかったので、しばらくは、週1回のカウンセリングを母子で（面談時は母子は別々に）受けることになりました。

カウンセリングの状況をみながら、必要に応じて受診も勧めることは、臨床心理士と事前に打ち合わせておき、面談後は、その都度、臨床心理士と私と養護教諭とで打合せをしました。

⑤ その後……

A子は秋の中体連には、補欠で参加することができましたが、C男とは距離を置きながらも、2年生の間中は不安定な状況が続きました。C男が卒業し、3年生になってからは、ようやく完全に関係が切れ、以前のようなＡ子に戻りつつあります。

　Ｃ男はその後も、何度かＡ子を誘い出そうとしていましたが、次第にあきらめて、12月頃からようやく少しだけ勉強に手をつけましたが、間に合わず、県立高校、私立高校もすべて不合格で、結局、県立の通信制に通っています。

　ただ、父親との関係は以前よりもよくなってきたのか、父親の職場でアルバイトをするようになったようです。

課題解決に導く基礎知識

1　生徒指導における「チーム学校」

『生徒指導提要』は、「チーム学校による生徒指導体制」を章立て（第3章）し、生徒指導における「チーム学校」の重要性を強調しています。中央教育審議会答申「チームとしての学校の在り方と今後の改善方策について」（平成27年12月）は、「チームとしての学校」像を次のように定義しています。

> 校長のリーダーシップの下、カリキュラム、日々の教育活動、学校の資源が一体的にマネジメントされ、教職員や学校内の多様な人材が、それぞれの専門性を生かして能力を発揮し、子供たちに必要な資質・能力を確実に身に付けさせることができる学校。

「チーム学校」は生徒指導と共に、学習指導においても重要な概念として、現行の学習指導要領の中でも生かされていますが、生徒指導においては、これまでも重視されてきた組織対応を、校長のリーダーシップによるマネジメントの展開により、一層充実させることが求められています。

図8は、「チーム学校による生徒指導体制」の例を示したものです。校長を中心にTMT（トップ・マネジメント・チーム）が組織され、情報の集約・基本方針の策定・役割分担等が決定されます。これをもとに校内チームが結成され、チームメンバーが「専門性を生かした能力を発揮」することで問題の解決・解消を目指します。

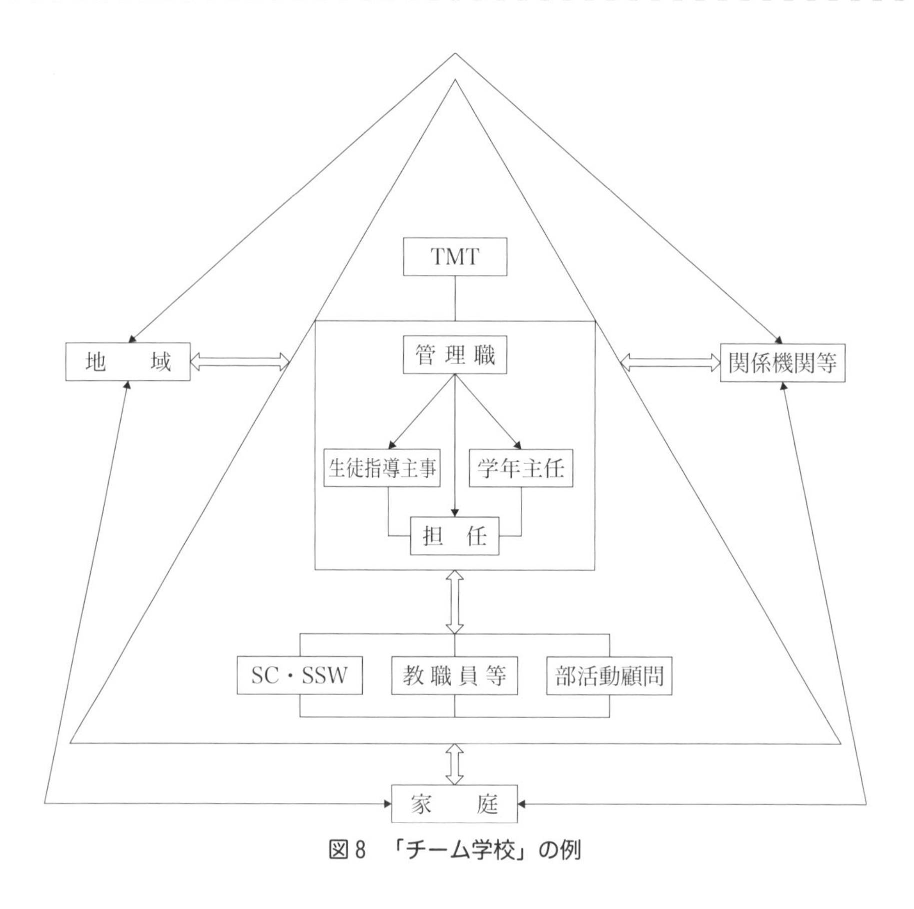

図8　「チーム学校」の例

2　実効的な「チーム学校」の取組

「チーム学校」が成果を上げるためには、校内人材及び校外人材（家庭・地域・関係機関）の豊かな連携・協働が必要です。

校内人材の有効な連携・協働の出発点は、「児童生徒の生命・安全・人権・尊厳」を守り抜くという意思の確認です。「教育相談の心（カウンセリングマインド）」の共有が必要です。メンバーの意思統一が図られると、同僚性が育まれます。相互に「良さ」を認め合い、共に励まし合う関係性により、連携・協働を円滑に進めることができます。

「チーム学校」としての取組の成果をさらに加速させるのが、学校外の人材との連携・協働です。学校だけで対処することが困難な事案に対しては、これまでも「校内ネットワーク」「サポートチーム」等、数々の実践が積み重ねられてきました。平成14年に始まった文部科学省による「サポートチーム等地域支援システムづくり事業」では、「『情報連携』から『行動連携』へ」の流れが明確になりました。

このように、スクールカウンセラー、スクールソーシャルワーカー、部活動外部指導員等を加えた「チーム学校」が、家庭・地域・関係機関等と共に問題行動に取り組むことは、それぞれが持つ資質・能力の総和を超えた、大きな相乗効果をもたらしています。

3 「担任との信頼関係」から「チームの全面支援」へ

本事例は、中２の女子生徒が上級生との性的関係から安住の場を喪失したケースですが、「以前のようなＡ子に戻りつつあります」という一文から、筆者のひそやかな安堵の表情を窺い知ることができます。

その礎となったのが､担任の「カウンセリングマインド」（Counseling mind）にあふれた対応にあったと思われます。Ａ子の小さなサインにいち早く気づき、「コミュニケーションが必要だと感じ、生活ノートのコメントに返事を書きながら、いろいろ対話を続け」たことで、担任とＡ子の間に信頼関係が構築されていったのでしょう。週１回の家庭訪問では、Ａ子だけでなく、母親との人間関係づくりにも成功しています。

一方、担任は一人で抱え込むことなく、学年主任や養護教諭に報告・連絡・相談をしています。このような姿勢から「同僚性」（Collegiality）が培われていきます。「受容的・支持的・相互扶助的な人間関係」（『生徒指導提要』）のある中、問題解決を支える力はさらに拡大していきます。

家出やたまり場の問題が明かになると、「校内ケース会議」が開催されます。それまでも、管理職・学年主任・担任はTMT（トップ・マネジメント・チーム）の役割を果たしてきたことが推測されますが、これを核として、校内人材が一堂に会したことは問題解決の大きな原動力になりました。

本事案から学ぶことは多々ありますが、「校内ケース会議」において、メンバーが二人一組となって役割を担った点は大変参考になります。指導・支援対象者を複数で担当することで、お互いに相談・扶助することができます。生徒・保護者との話合いも「四者面談」のメリット（受容的・支持的姿勢が基本であるが、状況により一人が指示的・説諭的な役割を担う等）を生かすことができます。

顧問教師による部活動への興味を取り戻すはたらきかけ、ベテラン男性教師による上級生の父親との面談の継続、臨床心理士によるリストカットへの対処等、それぞれの「専門性」を適切に発揮できる体制を整えた点も見事です。このようにして、「協働」（Collaboration）体制が整いました。

本事例から、「３つのＣ」（Counseling mind → Collegiality → Collaboration）の重要性を再確認したいと思います。

Case9

二股交際
（中学生）

〈事例〉

1　学力は低いが部活動には一生懸命

中３のＡ男は両親とも公務員で、礼儀に厳しい母方の祖父も同居している家庭に育った気の優しい生徒でした。授業内容はほとんど理解しておらず、学力はかなり低かったのですが、バドミントン部の練習には一生懸命取り組んでいました。

私は担任２年間の持ち上がりで、男女ともに仲の良いクラスでした。Ａ男も担任の私には何でも話し、信頼関係もできていると感じていました。

７月に入ると、Ａ男はかねてから気になっていた１つ年下のＢ子に告白し、付き合うことになりました。Ｂ子は学年の生徒会長をしていて、２年生で一番人気のある女子でした。誰もが信じられない「高嶺の花」を彼女にすることができたＡ男は、クラスメートに冷やかされ、クラスもその話題でもちきりになりましたが、二人の両親は二人が付き合っていることは知りませんでした。

2　Ｃ子の辛い立場

クラス内がＡ男とＢ子が付き合い始めたという話題で盛り上がっていた頃に、Ａ男と同じクラスのＣ子が体調を崩して早退したり、欠席したりすることが多くなっていました。私はＣ子の様子がこれまでと違うように感じたので、Ｃ子の母親に、家庭では何か気が付いていないかを尋ねましたが、「いつもの貧血だろう」とあまり関心のない様子でした。Ｃ子は母親との二人暮らしで、母親は仕事が忙しく、Ｃ子とゆっくり食事や会話をしている余裕はなさそうでした。

Ｃ子と毎日、生活記録ノートでのメッセージのやりとりをしている中で、かなり意志が強く、自分の考えをもっているのだなとは感じていました。Ｃ子はクラス内では、あまり目立つ方ではなく、周囲からは話しかけにくいところがありました。

しかし、女子にも男子にも声をかけることができて、周囲からも信頼されているＤ子が、Ｃ子にもよく声をかけていたので、Ｃ子は救われていたと思います。Ｄ子も私と同じ時期くらいから、Ｃ子の様子がおかしいことに気付き、さりげなくＣ子の様子を見てくれていました。

ある日、涙を浮かべているＣ子の様子をキャッチしたＤ子が、その日の放課後、Ｃ子と一緒に帰ると、Ｃ子は泣きながら話してくれたそうです。実は、Ｃ子は、５月の末くらいにＡ男に告白し、付き合っていたつもりだったというのです。Ｃ子とＡ男の関係について、Ｃ子の話すことをＤ子は最後までじっくりと聞いてあげました。

Ｃ子を不憫に思ったＤ子は、学級担任の私にこっそりと相談してきました。Ｄ子に「話してくれてありがとう」と伝え、口外しないことを約束しました。

翌日、Ｃ子が欠席だったので、午後に家庭訪問し、「何か話したくなったら、いつでも声をかけてね。お大事に」と短く伝えて、Ｃ子の好きなチョコレートを差し入れし、その日は帰りました。

放課後に、学年主任（50代女性）にここまでの報告をしました。私は、デリケートな問題なので、「Ｃ子が自分から話したくなるまで待ちたい」と伝えたところ、学年主任も了解してくれました。

3　対照的なＡ男の付き合い方

夏休みに入り、Ａ男はＣ子の母親が不在時に、Ｃ子の自宅に１日おきに通うようになっていました。やがてＣ子と性行為に及び、Ｃ子とそんなに話をするのでもなく、性行為が終わるとすぐに帰ってしまうという生活を繰り返していました。

夏休みの家庭訪問でＣ子の自宅を訪れると、少し元気になっている様子だったので、私も少し安心し、Ａ男とのことは聞きませんでした。

Ａ男はＢ子とも一緒に外出するなど、何事もなかったように、健全な付き合いを続けていました。Ａ男は、「Ｂ子には優しく紳士的に、Ｃ子には上から目線で威圧的」という対照的な態度で接していました。

夏休みが終わると、Ａ男はＢ子と一緒に帰る生活が再開し、Ｃ子の自宅に行くことは減りました。Ｃ子の欠席がまた増え始め、学年主任からも「大丈夫なのか」と何度も聞かれましたが、私は一歩を踏み出せずにいました。養護教諭にも相談し、C子が来室したときに、さりげなく話を聞いてもらえないかとお願いしました。

そんなとき、A男は初めて訪れたB子の部屋でB子との性行為に及びました。A男の帰宅後、呆然としているB子の様子を不審に思ったB子の母親がB子を問い詰めました。事の次第がわかった両親は激怒し、避妊もしていなかったことから、B子を緊急避妊のため、すぐに病院に連れて行き、翌日の夕方には、両親そろって学校に相談に来ました。

指導の振り返り

① B子の両親との話し合い

B子の両親への対応は、放課後は生徒の通らない1階の奥の相談室で私と学年主任と養護教諭とで行いました。養護教諭はお茶を準備して相談室に入ってきてさりげなくそのまま同席しました。B子の両親は、A男との付き合いを知ったのも、つい1週間前で、しかも中学2年生の大事な娘に予期せぬことが起こって、ショックを隠しきれない様子でした。

「こういう付き合い方をしているA男には、二度と自宅に来ないでほしいし、B子との付き合いもやめさせたい」と、A男の保護者にも伝えてほしい旨をきっぱりと話してこの日は興奮気味のまま帰りました。

② 校内チームの結成と関係機関との連携

B子の両親が帰宅後、今後、私はどのように関わっていけばよいか自信がなく、学年主任にその旨を相談したところ、生徒指導主事、養護教諭、B子の担任に声をかけ、5人で今後の対応について話し合いました。学年主任の力強いリーダーシップもあり、5人で「対応チーム」を組織し、外部の関係機関にも支援を求めて取り組むことになりました。

学年主任を「統括」とし、生徒指導主事がA男及び保護者の、B子の担任と養護教諭がB子及び保護者の、私がC子及び保護者の主担当となって、状況に応じて応援する体制で臨むこととしました。チーム名を校名に因んだ「バード隊」とすることも決めました。

最初の会議での中心課題は、「学校外の関係機関の支援」でした。

「性」というデリケートな問題でもあり、「生徒の人権や尊厳を傷つけることのないように問題解決に導くには、外部の専門機関の支援を得る必要がある」との認識はチーム全体で共有されました。

次の会では、学年主任から管理職と検討した結果が伝えられ、連携を図る関係機関が決定されました。A男には少年センター、B子にはクリニックと児童相談所、C子には、市教育相談所と教育委員会（SSW等）からの支援が受けられるよう、各機関への協力要請と共に保護者に提案することになりました。

3名の保護者全員が提案を受け入れ、「積極的に協力する」との前向きな回答をしてくれました。関係機関には、学年主任と担当者に加え管理職も同行し、これまでの経緯・指導方針・具体策を説明したところ、どの機関も理解を示し、協力を約束してくれました。

③ 「時間」と「距離」を置いて……

B子は1週間くらい学校を休みました。その間、学級担任と養護教諭が「B子の顔を見に来たよ～」と短い訪問を繰り返しました。翌週、保健室に来室した際に、養護教諭に今後のことを問われたB子は、「お母さんの言うとおり、A男とは別れようと思ってる」と答えました。クリニックの女性医師との面談を受ける意思も表明しました。

B子の両親は、児童相談所で定期に相談を受けるうちに落ち着きを取り戻していきました。

2日続けて休んでいたC子宅には、学年主任と共に家庭訪問しました。学年主任の「A男はあなたのことを本当に大事にしていると思う？」との問いに号泣したC子は、「互いを大事にする付き合い方だったのかな？」と問いには、「対等？」とつぶやき、学年主任の話に少し納得したような表情をしていました。

この後、C子の母親が帰宅したので、教育委員会に相談に乗ってくれる人がいることを伝えると、「紹介してほしい」という返答でした。母親はＣ子を伴い、市の教育相談員やSSW（スクールソーシャルワーカー）との面談に臨み、数回の相談を受けた後、Ｃ子の転校を決意しました。転校に当たっての意思確認には指導主事が話合いに参加し、実際の手続きでは担当部署の職員が丁寧に対応しました。

Ａ男については、両親に来校してもらい、両親には学年主任が事情を説明し、Ａ男からは生徒指導主事が事情を聴き、その後、Ａ男と両親を引き合わせました、両親には「頭から怒らず、静かなトーンで、今回の件に関する思いを伝えてほしい」とお願いしておきました。30分くらい３人で話し込み、３人共泣きながら話している様子が窺えました。

両親には、「責任」について学ばせるために、少年サポートセンターでのカウンセリングを提案しました。Ａ男も承知し、取組は今も続いています。また、父親の発案による、保護司を務めるＡ男の祖父による、月１回の面談も継続中です。

今回は先輩方の力を借り、外部の専門機関の力強い支援を受けることができたため、なんとか対応しましたが、これでよかったのか、担任としてもっと早い時期にできることがあったのではないか、人として大事なことの指導を誠実に行えばよかっただけなのかなと、初めての性に関する指導に躊躇した自分を悔やむ出来事です。

課題解決に導く基礎知識

1　校内チーム「カッコウ」の取組

事例報告者は「自分を悔やむ事例です」と文章を結んでいますが、カウンセリングに長けた対応が随所に感じられ、生徒一人ひとりの理解に努めながら、同僚との協働に努めた様子が読み取れる事例です。

このような対応をするには、「CACCO」（カッコウ）が不可欠です。Counseling mind（教育相談の心）・Assessment（見立て）・Collegiality（同僚性）・Collaboration（協働）・Outreach（訪問支援）の頭文字を繋げたものです。

教育相談の心（気持ちを受容し、「良さ」を認める等）をもって、相手の心情等を理解する（アセスメント）ことができると、「一緒に力を尽くそう」という同僚性が培われていきます。当然、豊かな協働が可能になります。アウトリーチ（訪問支援）も厭うことなく進められます。

2　多様な関係機関との連携・協働

本事例では、校内チームの意欲的な活動と共に、多様な関係機関との連携・協働に積極的に取り組んでいる点が注目されます。

「餅は餅屋」と言われますが、様々な機関はその専門性を生かした取組により、大きな成果を上げています。学校は「教育のプロ」であっても、医療・心理・司法・福祉等の分野では、専門機関の助力を仰がなければならない場面が多々あります。

学校は、それぞれの機関の役割・特徴等を熟知し、事案に応じた支援を得ることができるようにする必要があります。このためには、日ごろから緊密に連絡を取り合い、多くの機関とのネットワーク化の構築が望まれます。

表２　関係機関の業務（例）

分　野	機関名（職員名）	主な業務内容・相談内容【関係法規等】
教　育	教育委員会（指導主事等） 教育相談室（所）（臨床心理士等）	・性格・行動、学業、進路、問題行動等に関する相談・援助 ・学校の教育方針・活動等への問合せ ・保護者からの相談　【教育委員会規則・要綱】
	適応指導教室	教育支援センター。不登校児童生徒の学習指導や適応指導
福　祉	児童相談所（児童福祉司等）	・児童の問題についての相談、調査、判定、指導、措置等 ・緊急保護、指導方針を決定するための保護等【児童福祉法】
	子ども家庭支援センター	・子ども、子育て、家庭に関する相談・連絡調整・支援 ・子育て支援ネットワークの運営　【実施要綱】
	福祉事務所（社会福祉士等）	・生活困窮者の相談、生活保護の実施 ・児童・母子・障害者・高齢者の福祉にかかわる相談・指導 【社会福祉法】【児童福祉法】【生活保護法】【障害者福祉法】
	児童自立支援施設	・不良行為や家庭環境の悪化等により、生活指導を要する児童を入所させ自立を支援　【児童福祉法第44条】
	児童養護施設（児童指導員等）	・保護者のない児童や虐待されている児童等を入所させ養護する ・退所者のための自立支援　【児童福祉法第41条】
	児童福祉施設	・乳児院、保育所、児童厚生施設、児童養護施設、障害児施設、児童自立支援施設、児童家庭支援　【児童福祉法第35条】
保健・衛生・医療	保健所・保健福祉相談センター（保健師・医師等）	・健康相談、保健指導、精神保健等の訪問指導や来所相談 ・伝染病等の感染症が発生した場合の指導・助言・援助 ・精神科医による思春期相談　【地域保健法】
	精神保健福祉センター（精神保健福祉士）	・精神障害者の早期発見・治療 ・社会復帰に至る精神保健・自立支援　【精神保健福祉法】
	病院等の医療機関（カウンセラー等）	・心身の疾病等に関する相談・診断・治療 ・疾病の予防・予防啓発
司法・保護・矯正	警察署少年係（少年係警察官・少年相談専門職員等）	・非行少年等の補導・保護・注意助言 ・少年相談の受理・継続補導の実施 【少年法】【刑法】【少年警察活動規則】
	少年補導センター（少年補導員等）	・街頭指導、有害環境の浄化活動 ・非行防止の啓発活動 ・家出や非行等の少年相談　【総理府青少年対策本部指導要領】
	家庭裁判所（調査官・裁判官）	・審判に付すべき少年に関する調査 ・審判による保護処分等の決定　【少年法】【少年審判規則】
	少年鑑別所（鑑別所教官・技官）	・監護措置により家庭裁判所から送致された少年の調査・診断 ・学校や家庭からの非行等の相談 【少年院法】【鑑別所処遇規則】
	保護観察所（保護観察官）	・保護観察処分を受けた少年に対して、遵守事項を守るよう、指導監督するとともに立ち直りを援護 ・保護監察官が主任官、保護司が担当者　【犯罪者予防更生法】
	補導委託施設	・試験観察（保護処分等を決める審判の前に家庭裁判所調査官が行う観察）を委託された施設又は個人　【少年法第25条】
	少年院（少年院教官）	・第一種少年院、第二種少年院、第三種少年院、第四種少年院、のいずれかに送致された少年を収容し、矯正教育を実施 【少年法第24条】【少年院法第２条】

（次頁につづく）

防災・安全	消防署・防災センター	・防火管理者・消防計画の届出等の防災管理 ・防災・防災啓発活動 【消防法】
	警察署交通課（警察官）	・交通事故防止、交通取締り、交通事故の処理 ・交通安全の啓発活動、安全教室の開催 【道路交通法】
その他の相談機関等	公共職業安定所（ハローワーク）	・求人情報の提供・職業紹介 ・職業適性検査の実施・職業選択相談 ・職業相談員の事業所訪問 【職業安定法】【勤労青少年福祉法】
	労働基準監督署	・労働基準法に定められた労働条件の遵守を指導・監督 ・就労者からの相談 【労働基準法】
	法務局人権擁護部（人権擁護委員等）	・人権問題の相談、人権侵犯事件の調査・処理 ・人権尊重思想の普及・充実
	女性相談センター	・ＤＶ、性被害等に関する相談 ・女性の自立支援
	弁護士会（弁護士）	・「子どもの人権110番」での電話相談 ・「子どもの人権救済センター」等での面接相談 ・「当番弁護士」活動、少年事件等の弁護活動
	消費者センター	・消費者からの「悪徳商法」等の相談・苦情処理・被害者救済 ・学校での消費者教育の充実
	ボランティアセンター	・ボランティア活動に関する相談、情報の提供 ・ボランティア養成講座の開催
地域での相談・連携・協働	人権擁護委員	・人権侵犯事件の相談・調査・処理 ・人権尊重思想の高揚
	青少年委員・児童館職員・体育指導員等	・余暇活動の指導・青少年団体の育成 ・自主活動の援助・リーダーの育成
	民生・児童委員 主任児童委員	・地域の児童等の保護・保健・福祉に関する援助・指導 ・福祉事務所や児童相談所等との連携 【児童福祉法】【民生委員法】
	保護司 更生保護婦人会	・非行少年・犯罪者の更生・保護 ・非行・犯罪の予防活動
	学校医・学校歯科医・学校薬剤師	・学校における保健管理に関する専門的指導・助言 ・疾病、障害、環境調整等についての相談 【学校保健安全法】
	防犯連絡所・子ども110番の家	・非行防止活動、啓発活動 ・子どもの安全を守るための活動・危機対応
	交通安全協会・交通安全母の会	・交通安全に関する広報活動・事故防止 ・交通安全運動への協力

＊【　】内は関連する法律等

Case10

誘拐され性暴力被害に遭う（小学生）

＊本事例は、小学３年生で性暴力被害に遭ったＡさんと面談し、聴き取ったことを直接伝えるものです。筆者が感じ取ったＡさんの思いを【　】で、その構成要素を太字で示しています。

〈事例〉

1　事件の時、直後

暴行されているとき、**警察官に取り囲まれた**という【警察の配慮に欠ける行動】から、自分自身が**悪いことをしている**と感じました。犯人に暴行されているところに警察がきて、気がついたら十数人の警察に取り囲まれていました。助かると思いましたが、同時に、子どもながらに悪いことをしているのでは、恥ずかしいことをしているのではないかと思い、慌てて下着をつけたという記憶がしっかり残っています。

また、**男性警察官だけの事情聴取・一方的な事情聴取・一人での犯人の面通し**という【警察の配慮に欠ける行動】から**恐怖**を感じました。

事件直後、そのまま両親と警察に行きました。取調室に入ると、男性警察官だけでした。休憩しようかとか、話を聞いても大丈夫かなどの配慮は一切なく、両親は取調室内に入れませんでした。

「ほかには？それだけ？」と次々に質問攻めにされ、聞かれているというよりは責められている感じが強かったです。

2　小学生の時期

体調不良を理解してもらえない・精神的フォローをしてもらえないという、【学校の先生が不調を理解してくれない】状況がありました。学校で体調が悪く、頭痛で保健室に行っても、養護教諭から、子どもは頭痛にならないと言われ、相手にされませんでした。登校しても授業を受ける気力がないことが多く、保健室に行っても仮病を使っていると言われ、追い返されました。担任の先生からフォローを受けるということも全くありませんでした。

事件を友達に知られている恐怖・事件のことを友達から聞かれる恐怖という【学校の友達が怖い】という状況がありました。事件の記事が地元の新聞に載っていたこともあって、事件の翌日、すぐに友達から質問

攻めにあいました。深く仲良くなると、また事件のことを聞かれるかもしれないと思うと怖かったです。あいさつ程度しかできませんでした。普通の子になろうと思っていました。目立っても聞かれるかもしれない、静かな子も目立つかもしれない、普通ってどこだろうといつも探っていました。空気みたいな人、いるかいないかわからない人になろうと思っていました。休むと目立つと思っていましたが、小５のときに学校に行くのがつらくなりました。

学校を休むと親に心配かける・親には事件の話はできないという【親に心配させないための気遣い】がありました。学校には行きたくなかったのですが、親を心配させたくなかったので、登校はしていました。

警察が、両親に裁判をするかなど、今後の対応について聞いてきましたが、「一切かかわりたくない、知らせないでくれ」と一生懸命両親が話しているのが記憶に残っています。

話す人がいない・自分をわかってくれる人がいない・孤独という【相談する場所がない】状況でした。当時は何も支援がなく、放置されていました。この件に関して、話す人は誰もいませんでした。専門家のフォローや警察のフォローなどもありませんでした。

一方で、**感情を出せる場（日記）**という【信頼できる人の存在】がありました。小学５年生の担任が国語の先生で、毎日、日記を書こうということになりました。小学３年生から詩を書いて感情を吐き出していました。詩は妄想して楽しいことが書けました。詩を日記に書くと、その詩に対して、先生がコメントを書いてくれていました。そのコメントが楽しみで、毎日学校に行けました。学校に行く理由が３年生の事件以降、はじめて明確になり、６年生まで登校できました。

3　中学生の時期

ぐちゃぐちゃな心を非行で落ち着かせる・自分を大切にできない・死にたいといった【気持ちをコントロールできない】状況でした。ずっとこの事件のことは封印して、なかったことにしようと思って生きていました。なかったことにするのは簡単なことではなく、うまく心が消化でませんでした。いつも心の中がぐちゃぐちゃで、落ち込む日や怒りがすごいときもあり、その気持ちを処理する方法が見つかりませんでした。

その気持ちを処理するために、中学生で非行に走って発散しました。心も体も大事にできませんでした。中３のとき初めて死にたいと思いました。自分の体が女性らしくなっていく自分の姿がとてもとても嫌でした。女性だった自分のせいで、事件が起こってしまったと思っていました。鏡で自分の姿を見るのが嫌でした。自分の体が憎らしくて、どうやったら消えるのかと思っていました。

支援の振り返り

❶ 体調不良を訴える児童生徒に「性暴力被害」の可能性を考える

子供は心身の不調を直接訴えられず、夜尿や寝付きが悪いことなどで表れることもあります。また、性暴力被害の事実を告げた学校から、「保健室通学ばかりだと出席扱いできないと言われた」「先生が被害事実を疑っている」など、被害児の二次被害となり得る不適切な対応があることがわかっています。小学生の時期は、一日の大半を学校の中で生活します。その中で、教員は、子供の訴えに関心を向けることは重要なことです。

Ａさんには、担任の先生という信頼できる人の存在がありました。ハーマン（1994）によると、トラウマからの回復には、三つの段階があり、第一段階の中心課題は安全の確立であるといっています。Ａさんにとって、この先生の存在が安心できる場所であり、Ａさんの複雑な感情を受け止めてくれる存在であったのです。

❷ 保護者との連携を深める

信頼できる他者に、安心して、さまざまな感情を語り、表現することは回復につながると言われています。一番身近な大人である親の存在は、子供にとって困ったときに一番頼りにする存在です。

しかし、その親に思いを吐き出せず、その思いをどこにも吐き出す手段がなかったＡさんの心の苦痛は計り知れません。困っていることを

「保護者に知られたくない」と訴えることができない子供へ、保護者は守ってくれる存在であるという信頼感を培うことが重要です。
一方で、親から性的暴力を受けている子供もいます。そのような点を考慮しつつ、保護者との連携を図ることが求められます。

③ 「性暴力被害」の専門職との連携

被害児の中には、何の助けのない中で苦悩し、薬物に頼ったり自傷したりする不適切な自己対処を行ってしまうことがあるため、早期のうちに PTSD を癒すプロセスが必要となります。
Ａさんは、中学生の時期、自分の通う学校では平静を装い、そのために感じるさまざまな感情を違う場所で発散していたのだと考えられます。自分の体でありながら、自分としてとらえることのできない状況が続いたことが、自分を傷めつけることにつながり、さらなる被害を生んだのだと思われます。
また、中学生という時期は一般的にも、心身の変化が最も激しく現れる時期であり、不安や悩み、葛藤が生じる時期です。このような中学生期の特性に加え、精神的に不安定なＡさんに、何の支援もなかったのです。見かけは困っていないようにみえても、意図的に継続的に支援することが必要でした。
PTSD では、自己の感情を具体的に説明することが困難になり、感情のないロボットのような、まるで生きながら死んでいるかのような症状がみられ、これらは、高度な心理的機能の障害とされています。
子供にとって学校は、生活の場であり、回復の場です。子供のことをよく分っている教育関係者がトラウマについても理解し、他機関と共にサポートすることが望まれます。

④ 性非行・性被害の防止

表 3 は、「児童買春事犯等における被害児童の学識別の割合」を表わ

しています。中高生が大半を占めていますが、小学生被害にも着目する必要があります。

また、SNSの発達と共に性被害・性非行の増加が懸念されています。「安全の保障」を目的に、学校・家庭・関係機関の連携を深めることが強く求められています。

表3　令和4年における少年非行及び子供の性被害の状況（警察庁）

児童買春事犯等における被害児童の学識別割合

（令和3年、4年）

罪種	学識／年次	総数	未就学	小学生	中学生	高校生	その他
総数（人）	R4年	1,461	2	21	515	822	101
	R3年	1,504	1	12	516	843	132
	増減数	▲ 43	1	9	▲ 1	▲ 21	▲ 31
	増減率	▲ 2.9	100.0	75.0	▲ 0.2	▲ 2.5	▲ 23.5
児童買春（児童買春・児童ポルノ禁止法）	R4年	422	0	9	132	261	20
	R3年	408	0	1	107	274	26
	増減数	14	0	8	25	▲ 13	▲ 6
	増減率	3.4	−	800.0	23.4	▲ 4.7	▲ 23.1
淫行させる行為（児童福祉法）	R4年	48	2	0	30	40	6
	R3年	102	0	2	38	45	17
	増減数	▲ 24	2	▲ 2	▲ 8	▲ 5	▲ 11
	増減率	▲ 23.5	−	▲ 100.0	▲ 21.1	▲ 11.1	▲ 64.7
みだらな性行為等（青少年保護育成条例）	R4年	961	0	12	353	521	75
	R3年	994	1	9	371	524	89
	増減数	▲ 33	▲ 1	3	▲ 18	▲ 3	▲ 14
	増減率	▲ 3.3	▲ 100.0	22.3	▲ 4.9	▲ 0.6	▲ 15.7

課題解決に導く基礎知識

1 「人とのつながり」を大切にする

「どこにも吐き出す手段がなかったＡさんの心の苦痛は計り知れません」とあるように、Ａさんは二次被害にもずっと苦しんでいました。１点の光明は「詩を書いて感情を吐き出す」ことにあったようです。この時の担任の支援は見事であったと言えます。

性非行では、性の商品化を進める性産業の存在が注目されます。この観点からの性非行・性被害の防止が重要となりますが、家庭における「愛情飢餓」の問題を看過するわけにはいきません。Ａさんにとって、詩はカタルシスと共に「人とのつながり」を確認できるという成果があったものと思われます。

事例報告では、事例報告者が感じ取ったＡさんの思いが【　】で示されています。「警察の配慮に欠けた行動」「教師の無理解」「友達が怖い」「相談する場所がない」「信頼できる人の不存在」等が記されていますが、いずれも「安心できる人との結びつきがない」ことを表しています。

性被害を受けた児童生徒への支援方法は、性非行防止にも役立ちます。このような視点に立った性被害・性非行の防止策の検討・実施が求められます。

2 生命（いのち）の安全教育を推進する

「性犯罪・性暴力対策の強化の方針」を踏まえ、子供たちが性暴力の加害者、被害者、傍観者にならないよう、全国の学校等において「生命（いのち）の安全教育」が推進されています。各学校では、先進校の取組を参考にして、「生命の安全教育」を意図的・系統的に進めるよう努めなければなりません。

安全指導・保健指導の全体計画に位置付けるとともに、規範意識を育てる法教育や道徳心を育む道徳教育等の視点から、児童生徒が主体的に自らを守る態度を身に付けることができるよう、指導体制や指導方法の工夫・改善が求められます。

3 「支援センター」を周知する

各都道府県に設置されている性犯罪・性暴力被害者のためのワンストップ支援センターは、被害直後から総合的な支援を行うことで被害者の心身の負担を軽減し、その健康の回復を図る組織であり、電話相談、面談相談のほか、病院や警察への同行支援や医療費負担にも対応しています。

さらに、相談しやすい体制の一環として、ワンストップ支援センター全国共通短縮ダイヤル「＃8891」（はやくワンストップ）を運用するとともに、性暴力に関するSNS相談「Cure Time（キュアタイム）」を実施しています。

4 関連法規の知識を高める〜改正刑法より（令和5年7月13日施行）〜

刑法の改正等により、既習事項に加えなければならないことが増えています。性非行・性被害への取組を進める際には、関連する法律についての知識を身に付けることが求められています。今次の刑法改正では、児童生徒の性犯罪防止に係る重要な改正が行われました。十分に理解を深めることが大切です。

(1) 不同意性交等罪・不同意わいせつ罪

以下の①又は②によって性交等をした場合には不同意性交等罪（5年

以上の有期懲役)、わいせつな行為をした場合には不同意わいせつ罪（6月以上10年以下の懲役）が創設されました。

①次の（ア）～（ク）のいずれかを原因として、同意しない意思を形成し、表明又は全うすることが困難な状態にさせること、あるいは相手がそのような状態にあることに乗じて性交等及びわいせつな行為をすること。

（ア）暴行又は脅迫

（イ）心身の障害

（ウ）アルコール又は薬物の影響

（エ）睡眠その他の意識不明瞭

（オ）同意しない意思を形成、表明又は全うするいとまの不存在
（例：不意打ち）

（カ）予想と異なる事態との直面に起因する恐怖又は驚愕
（例：硬直状態）

（キ）虐待に起因する心理的反応
（例：感情や感覚の麻痺）

（ク）経済的又は社会的関係上の地位に基づく影響力による不利益の憂慮

②わいせつな行為ではないと誤信させたり、人違いをさせること、又は相手がそのような誤信をしていることに乗じて性交等及びわいせつな行為をすること。

＊①や②に当たらない場合でも相手が13歳未満の子供である場合、又は、相手が13歳以上16歳未満の子供で、行為者が5歳以上年長である場合にも、不同意性交等罪や不同意わいせつ罪が成立する。

⑵　わいせつ目的面会要求罪・映像送信要求罪（新設）

①16歳未満の子供に対して、わいせつの目的で、（ア）～（ウ）のいずれかの手段を使って、会うことを要求するとわいせつ目的面会要求罪

が成立する（１年以下の懲役又は50万円以下の罰金。なお、実際に面会した場合は、２年以下の懲役又は100万円以下の罰金）。

（ア）威迫、偽計又は誘惑

（イ）拒まれたのに反復

（ウ）利益供与又はその申込みや約束

②性交等をする姿、性的な部位を露出した姿などの写真や動画を撮影して送るよう要求することは、性的映像送信要求罪として処罰される（１年以下の懲役又は50万円以下の罰金）。

⑶　公訴時効期間の延長

不同意性交等罪や不同意わいせつ罪等の性犯罪については、公訴時効期間をそれぞれ５年延長する。被害者が18歳未満の場合は、被害者が18歳に達する日までの期間に相当する期間を加算する。

編集代表　**梅澤秀監（東京女子体育大学）**

編著者　**嶋﨑政男（神田外語大学）**

神田外語大学客員教授。1951年生まれ。東京都立大学心理学科卒業後、東京都公立中学校教諭、東京都公立中学校長等を経て、2012年より神田外語大学教授、2017年より現職。日本学校教育相談学会名誉会長、千葉県青少年問題協議会委員。著書『新指導要録の記入例と用語例 中学校』（図書文化社）、『特別活動15講と総合的学習8講』（大学図書出版）、『図説・例解生徒指導史 少年非行・いじめ・不登校等の歴史から学ぶ生徒指導』（学事出版）ほか多数。

事例提供者　**瀬田川聡（横浜市立南瀬谷中学校）**

中沢辰夫（東京未来大学）

光武智美（上智大学）

山下孝子（青森県教育庁東青教育事務所）

こんなときどうする？生徒指導
少年非行・性非行

2024年２月４日　初版第１刷発行

編著者――嶋﨑政男

発行者――鈴木宣昭

発行所――学事出版株式会社

〒101-0051　東京都千代田区神田神保町1-2-5　和栗ハトヤビル3F
電話03-3518-9655
https://www.gakuji.co.jp

編集担当　株式会社大学図書出版
イラスト　海瀬祥子
装　　丁　株式会社弾デザイン事務所
印刷製本　精文堂印刷株式会社

ISBN978-4-7619-2987-9　C3037